Charles Harrison

Old Testament Stories

The Haida Language

Charles Harrison

Old Testament Stories
The Haida Language

ISBN/EAN: 9783337084080

Printed in Europe, USA, Canada, Australia, Japan

Cover: Foto ©Lupo / pixelio.de

More available books at **www.hansebooks.com**

OLD TESTAMENT STORIES

IN

THE HAIDA LANGUAGE.

BY
REV. C. HARRISON.

LONDON:
SOCIETY FOR PROMOTING CHRISTIAN KNOWLEDGE,
NORTHUMBERLAND AVENUE, CHARING CROSS, W.C.
1893.

CONTENTS.

LESSON		PAGE
I.	THE CREATION	1
II.	ADAM AND EVE	3
III.	CAIN AND ABEL	5
IV.	NOAH	7
V.	ABRAHAM AND ISAAC	9
VI.	ESAU AND JACOB	12
VII.	JOSEPH. PART I.	13
VIII.	JOSEPH. PART II.	17
IX.	THE ISRAELITES IN EGYPT	23
X.	THE TEN PLAGUES	27
XI.	THE TEN COMMANDMENTS	33
XII.	JOSHUA	39
XIII.	ACHAN	41
XIV.	THE JUDGES	44
XV.	SAMUEL	50
XVI.	SAUL	53
XVII.	DAVID	58
XVIII.	SOLOMON	68
XIX.	ELIJAH	73
XX.	ELISHA	80
XXI.	THE PROPHETS	87
XXII.	PRAYERS	91

KEY TO THE SOUNDS OF THE LETTERS.

A as in Hat.	Ō as in Note.
Ā „ Father.	U „ Cur.
E „ Net.	Ū „ Rule.
Ē „ They.	Ai „ Aisle.
I „ Tin.	Au „ Audit.
Ī „ Machine.	Oi „ Noise.
O „ Not.	Ou „ House.

Ḡ marked thus always begins a syllable.

H̲ is always hard.

K̲ or K̲h̲ is always hard, like the Greek χ (chi).

Lth is very like the Welsh ll.

Z, when initial, is equal to ds; when final, to ts.

OLD TESTAMENT STORIES.

LESSON I.

SHĀNUNGETLAGIDAS TLIGA WAUTLIWAN TLAOUTLAIANG.

SHANTLAN lthūunilth gud Shănungetlagidas tliga wautliwan tlaoutlaiang. Tlaglu agwi kum juiē kāng gaangāni, altsīilth tliga wautliwan halga yūanan. Shantlan swaunshung gūd hatgā il tlaoutlaiang, waigen shantlan stung gūd yeni il tlaoutlaiang shā tligē ishin. Kum kin kāng gaangs stāhā kin wautliwan il tlaoutlaiang. Shantlan lth'ūnilth gūd adshi tligē il tlayhilgālāni, waigen hānlth wautliwan gwudā shālthangan il istaiang tlo, tungē hinū il kēyādaiang. Adshi shantlanē gūd kunē ishin il tlaoutlaiang, mātla ishin, waigen kinlthkai wautliwan ishin il inastladaiang.

Shantlan stanshung gūd juiē il tlaoutlaiang, kungē ishin, waigen kaiēlthta wautliwan ishin. Shantlan klēlth gūd skātlingē wautliwan il tlaoutlaiang, waigen ettitē ishin. Skātlingē hānlthē ai il tlakwundalgangang ken ettit siēt ishin il tlaungādiēdāni. Shantlan lthūunilth gūd mūsmūs il tlaoutlaiang, lamatoē ishin, waigen kintīga wautliwan ishin. Adshi shantlanē gūd nung ītlinga il tlaoutlaiang.

Hinū kingwoguns stung shūgung: kum kin kētdahā tlaoutlāngu, waigen shā kin isis da lth kum nījingāngu, hētk tligē gu kin isis ishin, waigen hānlth ā kin isis ishin. Ā kin isis hangku kum lth tikwushtloāngu, waigen kum ā singelthkang lth gūshūāngu, dalung an dī Ītlagidāsi althlā. Yenkien dī ū Shālānā gāgung. Kingwoguns HAIDA.

stanshung ishin hin shouan: shantlan lthūunilth gūd Shālānā shā tligē tlaoutlaiang, hētk tligē ishin, tunge ishin, waigen kin wautliwan gu isis ishin.

Wēata, shantlan lthūunilth gud lthāangwilu, waigen shantlan chigwaustlo churchnigē ā lth istzoo, waigen sing Shālanā ū lth killou, adshi tligē dalung an il tlaoutlaiāni althlā. Ītil wautliwan il tlaoutlaiang, kin wautliwan dalung kingsa ishin, altsīilth il tagwiū yūangūng. Wēata juiē dalung kingūng. Kīstho juiē tlaoutlaiang? Shānungetlagidas juie tlaoutlaiang. Kīstho adshi tligē tlaoutlaiang? Tlan Shālānā swaunan adshi tligē tlaoutlaiang. Dalung kwudungstlo kīstho dalung wautliwan tlaoutlaiang dalung kwudungung? Tlan Shānungetlagidas swaunan ītil wautliwan tlaoutlaiang, waigen tuman ītil il king gīīgung.

Kitlano Shālānā nagung? Shā tligē gu il īching. Shānungetlagidas gu dalung king us? Kum Shālānā talung kingāngung, ītil wautliwan tlou il kingung. Hinū Solomon shouan: Shālānā hangi tliga wautliwan gu īching, altsīilth lth hāhudila las isken, ga dāungas gē ishin il king gīīgung. Yenkien Shālūnā lā yūangung, waigen ga las ge ān il kwutungē lāgung.

Shantlan chigwaustlo tlaglu agwi agung il shanzoutaiang kin wautliwan il tlaēlthtaiang stāhā. Weata lāgiē kingwoguns hin shouan: Sunday gastlo kum lth lthāangwilgungāngu, waigen kingwoguns langa talung tlahustastlo hetgwaugē ai ītil il istāshang. Dī touilung las, Sunday gē wautliwan gūd kum lth kitilung nāngdāngu dalung il king gīīs althlā. Churchnē ā lth istzoo waigen il kēyi ū lth killou, tlaglu agwi adshi tligē lā yūans dalung an il tlaoutlaiang althlā. Kum churchnigē ā dalung istzūnstlo, tlīstluan dalung kwōtalkāstlo hetgwaulana alth dalung stung gīīshang. Wēata dalung lāgē da dī kwudungung, altsīilth lā gwi kwutungē unga lth stīlthto. Lā lth yeto waigen dalung il kagindāshang. Adshi an lth agung kin ūnshitgīīu Shālānā kum kin kūng gaangs stāhā kin wautliwan tlaoutlaiang, waigen tlan lā swaunan tagwiāgung.

LESSON II.

ADAM ISKEN EVE ISHIN.

SHANTLAN lthūunilth gud Shānungetlagīdas Adam tlaoutlaiang, waigen Adam nung ītlinga is tlāgangaug. Adam lā yūangangang ken il hātlandē Shālānā kwutungē kingānu edāni. Shānungetlagidas Adam kwōyadaiang waigen nung chada lā an il tlaoutlaiang. Eve hinū il kēyaiang. Eve nung chada is tlāgangang. Adam isken Eve ishin kitilung ītil īching. Tlaglu agwi ītil aungalung aungu Adan idjāni, altsīilth il kitilung ītil īching. Kitlano Adam nāgang? Eden tougān gu il nāgang. Yenkien tliga wautliwan tlaglu agwi lā yūanan. Adam tliga wautliwan an ītlagidēalang, waigen Adam isken Eve ishin kwutungē lā yūangangang. Shānungetlagidas giē kingwogungē kingān il edwaugangang, altsīilth il kwutungē louwagangang.

Eden tougān gu kinlthkai gwudila ed wautliwan inastlaiang, sēdunghangal ishin, hāna kwan yūan ishin, hāna houla yūan ishin, waigen kinlthkai an kaldungas swaunshung ishin. Adshi kinlthkai an kaldungas kin anūnshit lthkai hinū kēyagangang. Shālānā hin Adam shūtaiang: kinlthkai wautliwan adshi tougān ā isi lth tā, tlan kin anūnshit lthkai swaunan kum lth tāang. Anūnshit lthkai dung tāstlo houītang dung kwōtalashang. Yenkien dung tāsitlo houītang dung dāungedshang. Lthkai hēninga dung tāsken, dung isken, dung chā ishin, dalung kitilung ishin kwōtalthka odzūashang. Kingwoguns kingān dī na dalung wausken dalung hēninga gīīshang; waigen tliku dalung lth shūtas kingān kum dalung wauangsken dalung kwōtalkāshang.

Hetgwaulana lth hāada dāunga an ītlagidāgung. Adam isken Eve ishin lā yūanan, waigen an il ūnshitālang tlo ltha kwutungē tlaoulth dāungiē il istakwudangang. Eve hetgwaulana kinga tlagangang, waigen lā ga il lthwaugaiang. Hetgwaulana kutungā yūangangang. Nung chadas kum kwutungē kladskaans an il ūnshitāni, altsīilth houshen Eve tlaoulth dāungiē da il kwudangang, waigen kum lā gwikāatlāngung.

Houshen an lā il istakwudangang ken hinū il shouan: tliku Shānungetlagidas dalung shūtas an dī ūnshītung. Kinlthkai hēningas dalung tāstlo dalung kwōtalkāshang: kin anūnshit lthkai dalung tāsken dalung dāungedshang hinū il shouan. Il gūshou ginggang̱anu shūdang. Kinlthkai hēningas dalung tāstlo kum dalung kwōtalkāngshang. Wēata di lth yeto: kinlthkai hēningas lth tāou waigen dalung hēninga gīīshang. Kin anūnshit lthkai lth tāou, waigen Shānungetlagidas king̱ān dalung kutungāshang. Tliku hetgwaulana shouan Eve yetaiang, waigen kinlthkai hēningas il tāgang. Houītang il kwutungē tlakwīdistlaiang, waigen houshen hānē il istaiang ken tlāl unga ga il istaiang. Laou ishin tāgang, waigen il stungwan dāungedouang, waigen houītang Adam isken Eve ishin lthwaug yūanan. Lthkenē kātli ā agung il saaldouang Shānungetlagidas ga il lthwaugaouang althlā.

Singyāstlo, Shānungetlagidas kil il kwudungouang. Hinū il shouan: Adam, kitlano dung īching? Eve, kitlano dung īching? Adam althkwi lth kā, waigen houītang Adam king̱ān idjāni. Shānungetlagidas hin Adam shūtaiang: Adam, kashintlou tliku Eve shūsi dung kwudungūdjang? Kashintlou kin anūnshit lthkai dung tāūdjang? Tliku dung lth shūtas king̱ān kum dung wauāng̱un, altsīilth dalung stung kwōtalkāshang, waigen dalung kitilung ishin. Kingwoguns dī na dalung tlahustaguni althlā, wēata adshi tligē lth tlaoulthdāungashang, waigen dalung isken dalung kitilung ishin lthāangwil yūan gīīshang. Wadlu Shānungetlagidas Eden tougān stāhā Adam dāngang, waigen Eve ishin. Wēata kum Eden tougān kāng gaang̱ung.

Shānungetlagidas hin hetgwaulana shūtaiang: Adam dung tlaoulthdāung̱uni althlā, kintīga wautliwan telgu dung dāunga yūang̱ung, waigen kwiē swaunan dung tāgīīshang. Adshi tligē ougulthsēs silīd zanoa shā ā dung hēninga gīīshang, waigen ga dāungas gē wautliwan dung kwulthlu isisang. Kwai amzawan kit unga swaunshungs hētk lth istāshang, waigen dung kats il sahaskidungkashang, waigen il stēkwushi langa dung sahaskidungkashang.

Kasino Adam ītil an ēdung? Adam ītil an aungāḡung Kasino Eve ītil an ēdung? Eve ītil an ouāḡung. Shānungetlagidas giē, kingwogungē Adam tlahustaiang althlā ītil wautliwan dāungang. Kasino ītil kagin tlidzūashang? Jesus talung yetastlo ītil il kagindāshang. Tlīstluan dalung lthakaiawaiang tlo dalung dāungaiang dalung aungalung dāungaiāni althlā. Lth hāada wautliwan kwōtalkaungkasēs an ītil ūnshitung. Kashintlou lth hāada wautliwan kwōtalkāshang? Tliku Shānungetlagidas Adam shūtaiang kingān kum il wauāngāni althlā, altsīilth lth hāada kwōtalkaodzūashang. Itil tlū kwiē kingānu ēdung, waigen tlīistluan ītil kwōtalkastlo houshen ītil tlū kwiē gwi stīlthasang. Kitlanḡu ītil hātlandē isisang? Ītil hātlandē Shālāuā gwi stīlthasang. Laou hānts ītil wautliwan ga istaiang, waigen ītil kwōtalkastlo īitl hānts lā gwi stīlthasang. Ītil hants lasken shā tligē gu ītil hēninga swaunungshang. Ītil hānts dāungasken hetgwaulana alth ītil hēningāshang.

Kīstho nung chada is tlāḡangang? Eve nung chada is tlāḡangang. Kitlano il nāgang? Tougān Eden hin kēyāḡang gu il nāgang, waigen kingwoguns il tlahustaiang, altsīilth stāhā lā il dāngang Shānungetlagidas ā. Kīstho il tlaoulthdāungaiang? Hetgwaulana ū waugang, waigen wēata ītil wautliwan ishin dāungang. Kīstho ītil kwutungē tlaoulthlāgelē an tagwiāḡung? Jesus Christ ītil kwutungē tlaoulthlāgelthasang il kil talung yetastlo. Lā lth kwōyādo hetgwaulana telgu il tagwiāsi althlā, waigen tlīstluan dalung kwōtalkastlo ga angelgas gē sīk dalung hātlandē istāshang, waigen tuman dalung il kingasang.

LESSON III.

CAIN ISKEN ABEL ISHIN.

ADAM kitilung stangang; Cain isken Abel ishin hin il kēyāouang. Cain dāungaiang, waigen Abel lā yūanan. Cain tligē alsitlthaḡangang, waigen Abel lamatoē kētsitangang. Shantlan swaunshuug gūd Abel tablegē kingān kin tlaoutlaiang, waigen inku lamatoē il tlilthināgāni. Shānungetlagidas ga lamatoē il istaiang; waigen wadla, lamatoē il tīaiang. Cain ishin tablegē kingān kin tlaoutlaiang, waigen inku corngē isken, hāna ishin, kinlthkai gwudila ed ishin il istaiang. Abel Shānungetlagidas ā singelthkang gūshūḡangang, waigen Cain ishin. Shālānā Abel kwutungē lā yūans kāngang altsīilth tliku singelthkang il gūshūs kingān kin edāni. Yenkien Abel an il kwutungē lāgang Abel nung ītlinga kutungāḡāni althlā. Cain singelthkang gūshūsken il kwutungē dāungas il kāngang, waigen tliku Cain singelthkang gūshūs kingān kum il edāngang. Yenkien Shālānā kum lā an kwutungē lāngang il kwutungē dāungaiāni althla. Abel il kwoyāda yūanan, waigen kum Cain il kwōyādāngang. Cain an langa unshitāni Shānungetlagidas Abel la telgu kwōyādaiang, waigen lā an il kwutungē kātliyildung kwolthtaḡangang.

Shālānā Cain kāngang ken hinū il shouan : Cain, kashintlou Abel an dung kātliyildunḡung? Tliku lth shūs kingān dung waustlo dung an dī lāshang : tliku lth shūs tlou kum kingān dung wauānstlo hetgwaulana dung an ītlagidāshang. Cain kum kwutungē unga stīlthtaāngang waigen Cain tuan unga tīaiang kwulthkadis kātli ā. Wadlu Shānungetlagidas Cain an kātliyildaiang ken aung unga stāhā tliga jinga ā lā il kil kaiitang il dāungaiang althlā.

Kasino Cain ītil an ēdung? Cain ītil an kwaiāḡung. Yenkien ītil an il kwai tlāḡangang, waigen tuan unga il tīaiang, altsīilth Shālānā tligē dāunga ā il kil kaiitang touilung wautliwan stāha. Abel il tīaiang silīd Shānungetlagidas hin il shūtaiang : Cain, kitlano Abel īching? Cain hangtlan hin shouan, tlītzan il isis kum an dī ūnshitānḡung. Shālānā houshen hin il shūtaiang : an dī ūnshītung, yenkien Abel dung tīiḡun, waigen dung kwutungē hetgwaulana alth staouḡāḡung.

Wēata Cain kingān talung kilthkadungstlo hetgwaugē ā talung isisang. Kum lth hāada wautliwan talung kwōyādānstlo Cain kingānu ītil edasang. Kum Shālānā talung yetānsken hetgwaulana ītil an ītlagidāshang. Cain kingwoguns lthūunilth tlahustaiang ken hinū adshi kingwogungē

Itil skadadang : kum lth hāada tlitāngu; waigen tlu unga dalung kwōyādātlidzūs kingān touilung wautliwan kwōyādātlidzūo. Kingān lth waugīīu waigen shāgā kingdomgē dalung kingasang.

LESSON IV.

NOAH.

ABEL il tīaiang silīd Eve Seth kaiang. Seth nung ītlinga lā idjāni, altsīilth Seth touilung wautliwan lā yūanan. Seth Abel saoutk atglalthiltaiang. Kum washt jingāngundang Seth kitilung Cain kitilung alth stangang. Houītang Cain kitilung Seth kitilung tlaoulthdāungaiang, waigen Shālānā lth hāada wautliwan dāungas kāngang tlo hinū il shouan : ga dāungas gē wautliwan hānlth ā lth hēlōdāshang.
Tlan Noah swaunan lā yūans il kāngang, waigen il kitilung ishin. Shānungetlagidas hin Noah shūtaiang; Ark lth tlaoutla, yenkien gītlidaungkashang, waigen ga dāungas gē akītūkō odzūashang. Houītang Noah hin touilung shūtaiang: kwutungē unga lth stīlthto, Shālānā lth yeto, yenkien gītlīdaungkasēsī althla. Ltha wautliwan il yetastlo kagunasang, waigen ga dāungas gē hānlth ai kwōtalka odzūashang. Noah churchnē tlaoutlaiang ken hinū il shouan; adshi churchnigē ā lth istzoo waigen dalung kagunasang. Gītlīdaungkashangwau hin Noah touilung shūdagangang. Ginggangan il shūung ltha kwudungangang. Kāhano, kumu ginggangan Noah shūāngangang. Yenkien il shūgangang.
Dīd agwi Ark il tlaoutlaiang lthdou āadā, waigen Noah touilung lā an kā yūanan. Shantlan swaunshung gūd Noah Ark tlaēlthkīgāni ken hinū Shālānā shouan : Noah, mūsmūs stung lth ista nung ītlinga isken nung chada ishin. Lamatoē stung lth ista nung ītlinga isken nung chada ishin. Kintīga wautliwan shū stāhā kintīga stung istadal nung ītlinga isken nung chada ishin. Ettitē wautliwan shū stāhā ettit stung lth istadal nung ītlinga isken nung chada ishin. Tliku Shānungetlagidas shouan kingānu il waugang. Kin-

OLD TESTAMENT STORIES.

tīga wautliwan stung il istaiang shipgē gwī ā. Ettit wautliwan stung il tlū gwē istaiang ken tou kwan yūan ishin. Wadlu kin wautliwan il tlaēlthkīgāni ken hinū Shālānā shouan: Noah, wēata Arkgē ā lth unga kāiit; dung cha ishin, dung kitilung ishin dung alth stung gīīgē lāḡung. Noah kingān idjāni. Tlistluan Noah isken il chā ishin il kitilung lthūunilth ishin Ark kātli ā isodzouang tlo Shānungetlagidas kūwē waukīkuskidāni, waigen yenkien tliku Noah shouan kingān idjan. Shantlan kwan gūd gītlīdang. Tliga wautliwan stāhā adshi tungē sik idjāni ken Noah shipgē lā ḳīḳīkut īdjan. Wadlu ga dāungas gē wautliwan lā ā istālang Arkgē ā; waigen Noah kwulth ltha kiāḡangang ltha kwīdista yūanstlo. Hin ltha shouan: Noah ītil kūst talthkasskastla; waigen hinū Noah hangtlan shouan, kum dalung tlū gwē itzgē da dī kwudungānḡung dalung dāungas althlā. Shānungetlagidas kīkustlouwē istangwau, waigen kum tliku dalung kūst talthkīkustla tliugē kāng gaanḡung althkwīk dalung isisā.

Kung ki klēlth skwauḡāḡang ken lth hāada dāunga hē!ōodzouāni. Kung ki chigwau ēlthstlo Ark lthdou Ararat inku chākītlināgang. Kung ki klāalth isītlo Noah lthdou yūans houshen kāngang waigen yētlth il tlayhitang. Kum silthkang il stīlthtlaangang, waigen tligē klingān yhilgāsi an il ūnshitangang. Otgwau kaltsida il tlayhitang waigen yenkien tligē tīlthsi althlā kum tliku ettit kouwa tlingē kāng gaangang, altsīilth kaltsida silthkang stelang. Houshen hal chigwaustlo houshen kaltsida il tlayhitang, waigen yhil olthilth il kwut kūtlāgang. Houshen hal chigwau silīd kaltsida il tlayhitang, waigen il yhitswaunangang.

Noah kwutungē lā yūanan, waigen tad houtla singai il kīīwaugang shipgē gwau stāhā, waigen houshen tligē yhilgāsi il kāngang tlo il kitilung kiak issāgang. Houītang Shālānā il killāouang lā il kagindaouāni althlā. Shālānā touul tlaoutlaiang, waigen hin Noah il shūtaiang: Noah, touul wēata dung kinḡung: kum houshen gītlīdaungkashāns hinū adshi touulē lth hāada wautliwan skadadāshang, waigen kum houshen ga dāungas gē da lth gīltīdaungkashaānḡung.

Wēata tlan kin swaunshung gūgung. Adshi tligē ou ungkashang, waigen lth hāada dāunga zanoa kladska yūans ai is odzuashang. Tlīsitlu shantlanē adshi tligē ōsītlo kum an ītil ūnshitāngung, altsūlth Shānungetlagidas ā singelthkang talung gūshū gīīgē lātlingāgung, waigen hetgwaugē stāhā ītil kagunasang. Noah kingān ītil kwutungē lā yūans il kingstlo ītil il kagindāshang; waigen ga dāungas gē Noah touilung kingān hetgwaugē ai il istāshang. Shālānā an dalung ūnshitē da dī kwudungung. Hin lth shū " tlaou kātlūshang, waigen aung unga ā lth kaiitshang, waigen hin lā lth shūtāshang, Aungē, shāshi an dī dāungas waigen dung hangku ishin: waigen kum an dī lāngung houshen dī dung kaish." Shānungetlagidas talung kwoyādasken kum ītil da il kīskitāngshang. Ītil dāungasken lā ā singelthkang talung gūshūadzing, waigen kin dāungas stāhā ītil il kagindāshang. Kum ītil kwutungē lāngsken Shālānā ga ītil lthwaug yuansang. Shantlan swaunshung ītil kwōtalkāshang kum ītil hēninga gīīānsēsi althlā. Hetgwaulana ītil kwutungē kwolthtiē da kwudungung, altsīilth Shānungetlagidas Kit talung yetadzing waigen ītil alth il stung gīīshang. Lā lth kwōyādo, kin lā wautliwan dalung ga il istas althlā. Lā tlā lth istiēdo, waigen shā tligē gu lā alth dalung is gīīsang. Lāgē da ītil kwudungsken ītil dāungas hansta talung shūadzing, waigen houītang ītil kwutungē il tlaskwunāshang. Lā hangku Noah touilung kingān ītil wautliwan dāungang, waigen tlan Jesus ai swaunan ītil dāungas washtkishuasang. Hēlk kwutungē unga dalung istasken dalung an il kwutungē lāshang, waigen Noah il kagindaiang kingānu dalung il kagindāshang.

LESSON V.

ABRAHAM ISKEN ISAAC ISHIN.

ABRAHAM nung ītlinga lā idjan, waigen Isaac il kitu idjāni. Abraham Isaac kwōyāda yūanan, il kit swaunshungs Isaac idjan althlā. Shantlan swaunshung gūd hinū Shanungetlagidas shouan: Abraham, kit unga swaunshungs lth ista, waigen Moriah lthdou ā lth istiēdo, waigen lth il tī. Tliku dung lth shūtas kingān dung wausken Isaac telgu dī dung kwōyādas an dī ūnshitasang. Shānungetlagidas kilth kingān il waugang Abraham. Kit unga swàunshungs il istaiang ken Moriah lthdouwē ā il istiēdouang. Tlistluan lthdouwē ā il istiēdouang tlo hinū Isaac shouan : dī aung, kitlano lamatoē īching? Zanowē lth kingung, waigen yātzē ishin : tlītzan lamatoē isis tlou anūnshitē da dī kwudungung. Waigen il aung hin hangtlan il shūtaiang : Shānungetlagidas lamatoē ītil ga istāshang, waigen kin wautliwan il ēlthkidāshang. Abraham yātz istaiang, waigen tou ishin : Isaac zano skūgangāni. Abraham kwau kwan yūan gwudā istaiang ken tablegē kingān kin il tlaoutlaiang. Tlīstluan tablegē il tlaēlang tlo Isaac il gidsgildaiang. Il yhē langa il kūhaskidang, il kwollo ishin langa il kīouang. Lā il glīidang waigen kwau tablegō kingān kin il tlaēlang inku lā il tlilthināgang. Itan Isaac lthwaug yūanan, waigen hinū il shouan : dī aung dī kalthshint lth kwutung ken kum dī lth tīang. Hinū dahou shouan : " Shānungetlagidas lamatoē ītil ga istāshang waigen kin wautliwan il tlaoulthlāgelthasang. Wēata kin wautliwan tlaoulthlāgelē lā alth kīanung waigen lamatoē dung ga il istāshang. O dī aung dī lth kaginda, waigen tliku dī ga dung shūtas kingān lth wau gīīshang."

Il aung hangtlan hin il shūtaiang : Shālānā itan hin dī ga shūdagun : Abraham, kit unga swaunshungs lth ista, waigen Moriah lthdouwē ā lth istiēdo, waigen lth il tī. Wēata tliku dī ga il sbūdagun kingān lth wautalgung. Lāgung : Shānungetlagidas lth hāada wautliwan telgu kutungāgung, waigen ītil da il tlātasang. Itan Abraham Isaac tablegē inku tlilthināgang ken yātz il istaiang, waigen lā il kwīsā ungkashātlaiang. Yenkicn gūshāg lā il tīaskaiang. Houītang Shālānā hin shouan : Abraham tlan lth, wēata kin wautliwan telgu dī dung kwōyādas an dī ūnshītung. Kit unga swaunshungs houshen lth ista lā lth kagindasēs althla. Abraham kwutungē lāgang, waigen Isaac ishin.

Abraham lamatoē kāngang, nīsānga lthken addu lā idjan.

OLD TESTAMENT STORIES. 11

Shālānā itan hin Abraham shūtaiang; wēata tliku siugelthkang dung gūshūs kingān lth waushang. Adshi lamatoē lth ista waigen Isaac saoutk tablegē inku lamatoē lth ista. Waikingān il waugang Abraham. Isaac saoutk tablegē inku lamatoē il istaiang waigen ū il tīaiang. Wadlu Abraham isken Isaac ishin Shānungetlagidas ä killāgang lā il kagindaouāni althlā. Shālānā Abraham an kwutungē lāḡaugang; waigen hinū il shouan : dung lth hāada wautliwan an aungā gīīsang dī kilth kingān ltha waustlo. Wēata lth hāada lū wautliwan an il aungā elgung. Hinū ītil il skadadang: tliku Shānungetlagidas ītil ga shūtas kingān talung waustlo kin wautliwan ītil an lāsang. Abraham kingān lth kwutungē unga edo, waigen kin dāunga wautliwan stāhā dalung kagunasang.

Wadla Shānungetlagidas hin shouan : Abraham, dī kilth kingan dung wauḡun, altsīilth tliga kwan dung kitilung ga lth itāshang, waigen lth hāada klūlē kwan an ltha ītlagidāshang. Abraham tlan kit swaunshung daaiang, waigen gūshāg lā il tīaskaiang Shālānā kilth kingān waugē da il kwudangāni althlā. Shānungetlagidas ishin tlan kit swaunshung istaiang, waigen kit unga swaunshungs, bētk ga il istaiang ītil lāgē da il kwudangāni althla. Yenkien Shālānā kit ītil wautliwan hagunan kwōtalang, waigen lā talung yetastlo hēninga swaunung talung kiāshang. Isaac ishin hin ītil skadadang: tliku ītil aungalung ītil shutas kingān talung waugīīū lāḡung. Lth hāhudilāsi : tliku dalung yāalung dalung shūtas kingān lth wauḡīīu. Kingwoguns klēlth hin shouan : aung unga lth kwōyāda, ou unga ishin, waigen kilth kingān lth wau : kingān dalung waustlo tlāā dalung hēningāshang. Aungalung, Abraham kingān lth edo. Shānungetlagidas dalung kitilung dalung ga istaiang, waigen unga istiē da il kwudungstlo kum lth kwīdistlaḡungāngu, waigen sing lā ā lth killou. Abraham kingān kwutungē unga lth edo, waigen kin lā swaunan kitilung skadadaḡīīu, waigen dalung wautliwan il kagindāshang. Wēata kum tliku Shānungetlagidas talung kāng tlingē kāng gaanḡung. Shālānā tlou ītil king gīīgung, il hangi tliga wautliwan gu isis althla. Yenkien il kutungāḡung, altsīilth kin wautliwan an il ūnshītung. Tliku dalung kwuduns an il ūnshītung, waigen dalung kēyi wautliwan ishin. Dalung il kwōyādung, waigen dalung hagunan il kit kwōyāsi kwōtalang ītil il kagindiēan. Ītil hātlandē kwōyā yūanḡung. Tlīstluan ītil kwōtalkastlo ītil tlū kwiē gwi stīlthasang, waigen ītil hātlandē Abraham isken Isaac ishin gwulth isgīīsang ītil lāstlo. Ītil hātlandē dāungasken hetgwaugē ai ītil hātlandē heninga gīīsang. Altsīilth Abraham kingān kwutungē unga lth edo waigen Shālānā kilth kingān lth wauḡīīu.

LESSON VI.

ESAU ISKEN JACOB ISHIN.

Isaac kitilung stangang. Esau isken Jacob ishin hin il kēyāouang. Esau kwaiāḡang waigen Jacob tuanāḡang. Esau nung ītlinga dāungaiang, waigen Jacob nung hāada lā idjāni. Esau dāungaiang althlā Shānungetlagidas kum lā an kwutungē lānḡangang. Shālānā Jacob kwōyādaiang il kwutungē lāḡīīḡāni althlā. Shālānā Esau kwutungē dāungas kāngang altsīilth tliga kwan il gūdaiang, waigen kin lā kwan ishin. Jacob Shālānā kilth kingān wauḡangang, altsīilth Esau giē tligē kwan an lā il ītlagidēlthtaiang, waigen lā da il tlāēdangang. Yenkien Esau giē kinigē wautliwan il istaiang, altsīilth Esau lā an kātliyilthdaiang. Esau lā an kātliyildung yūanāni althlā, tliga jinga ā il kautang.

Tada kwan gūd tliga jinga gu il idjāni. Tada kwan ilsi silīd hinū nung angelgas il shūtaiang: houītang lth tliga unga gwi stīlth, Shālānā dung alth stung gīī ungkasēsi althlā. Jacob kingān idjāni. Singyā swaunshung gūd nung angelgas il kāngang. Jacob kum lā ga lthwaugaangang, waigen hinū il shouan: kum dī dung tlaoulthlāgelthānsken kum tliku dī stāhā dung kaiit tlingē kāng gaanḡung. Waigen anung angelgas tliku il shouan kingān wauḡang. Shānungetlagidas il kēyi gushoutka langa il istaiang lā an il kwutungē lāḡāni althlā. Wēata Israel hinū il kēyang, waigen Israel hāadē wautliwan an il aungāgung. Shantlan

OLD TESTAMENT STORIES. 13

wautlīwan gūd tliku lā il shūtas kingān waugē Jacob istakwudung gīīgangang. Jacob touilung lā yūangangang, waigen Esau touilung dāunga odzouāni. Kin dāunga isken ga dāungas ge ishin kum ga dī istatlāngung hinū Shālānā shouan. Laou shouan, dī an dalung kwutungē lāsken dalung an ishin dī kwutungē lāshang. Juiē isken kungē ishin kaiēlthta ishin il taoutlaiang. Yenkien Shānungetlagidas kin dalung kingsa wautliwan tlaoutlaiang altsīilth an il ītlagidāgung. Ītil lasken Jacob kingān ītīl kēyi kōgīna las gūd il kālungshaug. Esau kingān ītīl kwutungē dāungastlo ā kin lā isis wautliwan talung gūdāshang. Ān lth kutungātoo waigen wēata kwutungē unga lth stīlthto. Shānungetlagidas adshi tligē kwōyād yūanan, waigen kit unga swaunshungs hēlk ga il istaiang dalung hagunan il kwōtalēanā. Kashintlou il kit ītil hagunan kwōtalang ūdjang? Ītil dāungas stāhā ītil il kagindiē da il kwudangāni althlā ītil hagunan il kwōtalang. Lā talung kwōyādtadzing ītil il kwōyāda tlāgangāui althlā. Tlan lā swaunan ītil dāungas hagunan kwōtalang, waigen lā talung kwoyādastlo, shantlan wautliwan ītil hēningaskialk Jacob kingānu ītil kwutungē lāshang: waigen tlīstluan ītil kwōtalkastlo tliga lā Jacob ga il istagangang kingān tliga lā ishin ītil ga il istāshang shāgē kingdomgē gūā.

LESSON VII.

JOSEPH. PART I.

Jacob kitilung klāalth wok stangang, waigen Joseph tuana agwaiang. Joseph tada klāalth wok chigwau ēlthstlo, kwaialung alth lamatoē il kētsitang. Jacob kitilung wautliwan telgu Joseph kwōyādaiang, altsīilth il kwaialung lā an kātliyilda yūanan. Yenkien Jacob Joseph an kwutungē lā yūanan, waigen kōdets lā yūan lā an il tlaoutlaiang. Tlīstluan il kwialung adshi kōdets kāngang tlo lā telga il kīīouang. Singyā swaunshung gūd il kungaiang. Juiē isken, kungē ishin, kaielthta klāalth wok ga swaunshung ishin lā kwollo hetgwi kwaugulthtang il kungaiang. Juiē il aung kingānu ēdung: kungē il ou kingānu ēdung, waigen kaiēlthlā klāalth wok ga swaunshung il kwaialung klāath wok swaunshung kingānu ēdung. Singai an aung unga ga il shūtaiang, waigen il kwaialung ishin, waigen il ou ishin. Il aung hin hangtlan shouan: lthkin, dung kwudungstlo dung aung isken, dung ou ishin, dung kwaialung ishin, dung kwollo hetgwi kwaugulthtāsang gu dung kwudung us? Kāhano: kum dung kwollo hetgwi talung gwaugulthta tlingāngung. Houshen il kwaialung lā an kātliyilthdaiang, waigen il ou il gūshūs tuman lā kāngang. Wadlu il kwaialung tuman lamatoē kētsitang Shechem tligē gu. Jacob Joseph ltha tlā kil kaiitang. Joseph ltha tlā kaiitang. Nung hāada swaunshung il kangang, waigen hin lā il shūtaiang gūshgu dung istatlang? Joseph hin hangtlan shouan: kwaialung kāngē da di kwudungung. Dī ga lth shūda giouk lamatoē il kētsitwas gēā. Waigen anung ītlinga hin il shūtaiang: Dothan tligē ā il istiēdouang. Houītang Joseph ltha tlā kaiitang ltha an il kwutungē lāgāni althlā. Tlīstluan il kwaialung wadshgwi agwi lā il kingouang tlo hin ltha shouan: nung kungaḡuni kātlang, nung kungaḡuni katlang. Yenkien kungas wautliwan an il kungalē gāgung. Lā talung tīadzing, yenkien ītil an il dāungang. Nung kungalē talung tīadzing, waigen kintīga dāunga il tīaiang aung unga ga talung shūtāshang. Hinū Reuben shouan: kum lth il tīāngu yenkien ītil tuanas il īching. Kin hĕlas ai lth il kātidzo, waigen kum lth il tīāngu. Reuben il hĕningē da kwudangang. Tlīstluan Joseph kwaialung an kātlāgang tlo kōdets lā yūan langa il istaouang ken kin hĕlas ai lā il kātasouang. Kin hĕlas ai lā il kātasouang silīd nē gwi unga il stīlthwāsken an lā ga lthtanūouang il kwutungē lā yūanouāni althlā.

Nung waddalĕgas Egypt tligē ā silthkang stīlths il kingouang tlo hin ltha shouan: anung hāadas ga dung istatla? Anung waddalēgas hin shouan: āng, lā lth dāashang; waigen lā saoutka dālā klālē stung ltha ga il istaiang. Joseph Egypt tligē ā il halkaiitang. Reuben lā alth ltha giadas kum anūnshitāngang. Yenkien Joseph kwōtalang

OLD TESTAMENT STORIES. 15

hin il kwudangang. Kimptiē swaunshung il tīouang, waigen Joseph giē kōdets lā yūan kimptiē ai ā il istaouang. Adshi kōdets aung unga ā il chīidouang. Yenkien il aung kwutungē sti yūanan waigen hinū il shouan: kintīga dāunga il tīaiang: wēata dī kit kwōtalgun, waigen kum houshen Joseph lth kingāngsang. Di touīlung las, Joseph kwaialung dāung yuan odzouang. Joseph tuana agwaiang, waigen lā an ltha kwutungēstig̃angang. Egypt tligē gu nung ītlagidas Joseph dakgang nung waddalēgas gāā. Shānungetlagidas tuman Joseph kāngang. Nung ītlagidas lā il ītlagidēlthtaiang, waigen Joseph tuman kin wautliwan kāngang. Shantlan swaunshung gūd anung ītlagidas chā hin shouan: Joseph, dung an dī kwutungē lāg̃ung: dī tlāl kum ādlun isāng̃ung: dī alth dung tīdiēu lāg̃ung. Joseph hin hangtlan shouan: Shālānā ga dī lthwaugag̃ung̃ung, altsīilth kum dī kwutungē kinkaladāng̃ung. Kum Joseph anung chadas kilth kingān isāng̃angang Shānungetlagidas giē kingwogungē il kwoyādaiang althlā. Houītang anung chadas lā an kātliyilthdaiang, waigen il kilthkadungēdang. Hinū il shouan: yenkien Joseph dāung yūang̃ang, waigen dī alth tīdiē da il gwulgun. Tliku il chā shouan anung ītlagidas yetaiang, waigen kētsit nai ā lā il istaiang. Houshen Shālānā lā alth stangang kētsit nigē ā, waigen kētsitnē an nung ītlagidas Joseph kētsit nai ā lth hāada isis an ītlagidēlthtaiang.

Wadlu Pharaoh Egypt hāadē an ītlagidēalang, waigen lth hāada stung kētsitnē ā il istaiang. Baker isken Butler ishin hin il kēyāouang. Baker Pharaoh an shibili tlaoutlaiang, waigen Butler winegē lā ga il istaiang. King Pharaoh lā an katliyildouang altsīilth kētsitnē ā lā il istaouang. Singyā swaunshung gud Baker isken Butler ishin kungaiang. Baker basketgē ā lth'ūnilth Pharaoh ga il istāng il kungaiang. Ashge basketgē ā shibili lā il kwauaidung il kungaiang. Ettit kwan yuan shibili langa kwolthtang, waigen il ītlagīda lā an kātliyildāng il kuŋgaiang. Butler ishin Pharaoh ga winegē unga houshen il istang, waigen lā an il kwutungē lāng il kuŋgaiang.

16 OLD TESTAMENT STORIES.

Singaian Joseph Baker kāngang. Hinū Joseph shouan: Baker kashintlou dung kwutungēsti tlidzūḡung? Dī ga lth shuda waigen dung ta lth tlātasang. Tliku il kungaiang wautliwan Joseph ga il shūtaiang. Joseph hin hangtlan shouan: tliku dung edasēs dung kungaiang: basketgē ā lth'ūnilth shantlan lth'ūnilth kingānu ēdung; waigen singē lth'ūnilthstlo Pharaoh dung dunḡlīidashang, altsīilth Pharaoh dung an kātliyildāng dung, kungaiang. Wadla Joseph Butler kāngang, waigen il kwutungē lā yūanan. Hin lā il shūtaiang: Butler, kashintlou dung kwutungē lā tlidzūḡung? Waigen tliku il kungaiang lā il shūtaiang. Joseph hin lā il shūtaiang: tliku dunḡ edasēs dung lth shūtāshang: houshen Pharaoh ga winegē langa dung istāshang, waigen dung da il tlātasang, altsīilth Pharaoh dung an kwutungē lāng dung kungaiang. Tlīstluan Pharaoh dung tatlātstlo dī ishin ta lth tlāt, waigen kētsit nē stāhā dī lth kaginda. Dī touilung: Joseph Butler kwutungē wau il kil saaskidang, Baker kwutungē tlou il kil sti yūanan. Singē lth'ūnilth hēlouang silīd tliku Joseph shouan kingān Pharaoh waugang. Baker il dunḡlīidang, waigen houshen King Pharaoh ga winegē langa Butler istaiang.

Kashintlou Shānungetlagidas Joseph tatlāt ūdjang? Joseph kwutungē lā yūans il kāngang, altsīilth lā alth il stung gīīgangang Egypt tliẹē gwau. Kīstho Joseph aungu idjan? Jacob lā an aungāḡang. Kashintlou il kwaialung Joseph telga kingūdjang? Kitilung wautliwan telgu Joseph aung lā il kwōyādaiang altsīilth lā telga il kingouang. Wēata Joseph kingān kwutungē unga lth edo waigen dalung da il tlātasang. Kūwē las gūd lth istiēdo waigen Hants Las dalung kin las skadadāshang. Kin dāungas gūd talung istalsken Joseph kwaialung kingānu ītīl edasang. Kingwoguns kingān kum talung wauanstlo hetḡwaugē ā talung isisang. Jesus hetgwaugē stāhā ītil kagindāshang lā ā s.ngelth kang talung gūshūstlo. Laou ītil toui lā yūanḡung. Iletgwaulana ītil an kātliyildungsang kūwē las ɡūd talung istiēdsken. Lth hāada tagwias telgu Jesus tagwiāḡung. Lā dalung yetasken kum lth lthwanḡaangu, dalung il kwōyā-

OLD TESTAMENT STORIES. 17

dasēs althlā, waigen shă tligē dalung an il tlaoulthlāgelgun; altsīilth wēata ān lth kutungātoo. Lā lth yeto, waigen shantlan wautliwan gud tuman dalung il kingasang. Lā ā singelthkang lth gūshū waigen dalung alth il stung gīīshang. Shantlan wautliwan gūd ītil dāungas hansta talung shūadzing, waigen Joseph kingān ga dāungas gē stāhā ītil il kagindāshang. Hinū Joseph shouan : Tlan Shālānā swaunan tagwiāḡung: il kil talung yetadzing, waigen tlīstluan ītil kwōtalkāstlo Joseph alth ītil hēninga gīīshang sha tligē gwau.

LESSON VIII.
JOSEPH. PART II.

SINGYĀ swaunshung gūd King Pharaoh kungaiang. Hinū il kungaiang : hanlth shēng yūans il kāngang, waigen mūsmūs aia chigwaus ḳunē lā yūan tāḡang il kungaiang. Houshen hin il kungaiang: hānlth shēng tlinghutiga il kāngang waigen mūsmūs ziā chigwaus il kāngang, waigen kum gē tāanḡangang. Mūsmūs ziās gē chigwau ga aias gē chigwau tāodzūung il kungaiang, waigen il kwutungē kwīdistlaiang. Butler Joseph kāngang kētsit nigē ā. Butler Pharaoh kwutungēsti yūans kāngang, waigen hinū il shouan : dī ītlagīda, kashintlou dung kwutungēsti tlidzūḡung? Pharaoh hin shouan : lth kungas stunḡun, waigen stungan da dī kīskitung Butler hin il shūtaiang: dī ītlagīda, Joseph kētsit nai ā īching. Laou kutungāḡung, waigen kungas wautliwan an il ūnshītung Shālānā lā alth stungs althlā. Pharaoh hin shouan : kētsitnē an nung ītlagidas ga lth shūda Joseph kāngē da dī kwudunḡung. Waigen houītang Joseph Pharaoh an kātlāḡang.

Hinū Joseph shouan: Pharaoh dī an dung ītlagidāḡung, waigen dung ta lth tlātasang. Tliku kin hagunan dung kungas dung lth shūtāshang, Shānungetlagidas dī anūnshitalthtasi althlā. Hin dung kungaiang: mūsmūs aia chigwaus dung kāngang waigen ḳunē lā il tāouang. Houshen dung kungaiang, waigen mūsmūs aiā chigwaus dung kāngang, waigen kunē kum kāng gaangang. Mūsmūs aia chigwaus

HAIDA. C

tada lā chigwau kingānu ēdung, waigen tou inastla kwanasang. Tada lā chigwau hēlǫstlo kum tou kāng gaangshang. Mūsmūs ziā chigwaus tada dāunga chigwau kingānu ēdung, waigen kum tou inastlāngshang. Wēata kum tou tuman dung kingānsken dalung kwōtalthka odzūashang tada lā chigwaus hēlōstlo tou ishin hēlōasang.

Tliku Joseph shouan kingānu edāni. Tada lā chigwau gūd tliga wautliwan gu tou kwan yūanan: waigen siliā kum tou kāng gaangāni. Houshen hinū il shouan: Pharaoh, mūsmūs ziā chigwaus ga aias gē tāodzūung dung kāngang. Tliku edasēs dung lth shūtāshang. Tada dāunga chigwau gūd kum tou inastlāngshang, waigen tou wautliwan lth hāada tāungkashang, waigen ltha kwōtalthkāshang. Wēata tou tuman lth king, waigen tlīstluan tada lā chigwau hēlōstlo kum dalung kwōtalthkāngshang. Tliku Joseph shouan an Pharaoh kwutungē lājang. Hinū il shouan: Joseph, sing dung ā lth killāḡung, waigen wēata dung kutungas an dī ūnshītung. Ketsitnē stāhā dung lth kagindāshang, waigen dung lth ītlagidēlthtāsang. Egypt tligē gu tou wautliwan tuman dī nā lth king. Egypt hāadē an dung ītlagidāḡung. Tliku Pharaoh shouan kingānu il wauḡang, waigen tada lā chigwau gūd tou kwan yūan waddanē ā unga il istaiang.

Tada lā chigwau gud hinū Joseph shouan: Egypt hāadē, dī kil lth kwudungo: wēata tou dalung an kwanḡung, altsīilth hinawē. dī ga lth isto, waigen tada lā chigwaus hēlōstlo kum dalung kwōtalthkāngshang tuman tou dalung an lth kingasēsi althla. Kingānu ltha wauḡang, waigen tou kwan yūan waddanē ā unga il istaiang. Ashgē tada lā chigwau hēlouang tlo tliga wautliwan gu kum tou isāngang Tlan Egypt tligē gu swaunan tou idjāni, Joseph tada lā chigwau gūd tou kwan yūan waddanē ā unga istaiang althlā. Shechem tligē gu Jacob isken il kitilung ishin kum tou il dāangouang, waigen il kuniskidēgētlouang.

Egypt tligē gu tou kwan is an il ūnshitalthtlouang tlo Jacob kitilung Egypt tligē ā kil istiēdang tou il dāhouēanā. Joseph giē touwe kwoyā yūang, waigen il ītlagidas dālā gwīkāēlth yūanan, kuitan ishin, mūsmūsgē ishin, tliga kwan

OLD TESTAMENT STORIES. 19

ishin. Joseph an tou kwan yūanan, waigen il kwaialung Egypt tligē gu istlāgang tou il dāhouēanā kum tou Shechem tligē gu kāng gaangāni althlā. Tlīstluan Egypt tligē gu ltha istlāgang tlo kum Benjamin ltha alth isāngang. Joseph waigen hin shouan: yenkien dalung dāungang, Egypt hāadē kwōtalthkāsēs kāngēan dalung istlāgāni althlā. Hinū il kwaialung shouan: yenkien ītīl lā yūangung: ītil aung Shechem tligē gu īching, waigen ītil tuana agwi is ītil aung kwulth īching, altsīilth talung klāalth swaunan ādlun gu istlāgang. Ītil ta lth tlāt waigen tou ītil ga lth ista. Yenkien ītil aung kitilung klāalth wok stangang, waigen itan kingān ītil tuan kwōtalang, altsīilth wēata ītil aung kitilung klāalth wok swaunshungung. Houshen Joseph hin shouan: yenkien hansta lth shū, kashintlou Egypt tligē gu dalung istlou ūdjang? Hin hangtlan lā il shūtaouang: tou dahouiē da ītil kwudungstlo talung īching kum tou Shechem tligē gu kāng gaangsi althlā. Kum tou alth ītil ga dung waddānsken ītil kwōtalthka odzūashang. Joseph kwaialung anūnshitālang ken kum il kwaialung tlou lā anūnshitāngang. Hinū il shouan: nung swaun dī ga lth isto, waigen kētsit nai ā lā lth istāshang. Wēata dalung swaun dī kwulth lth is, waigen tliku lth shūs kingān dalung waustlo dalung kil lth yetāshang.

Lā kilth kingān il wauouang, waigen Simeon lā ga ltha istaiang lā kwulthlu il isgēanā. Wadla Joseph hin shouan: wēata tou dalung ga lth istāshang, waigen houshen althgwi dalung istlāstlo tuan unga katdung lth isto Benjamin kāngē da dī kwudungsi althlā. Tlīstluan silthkang tuan unga alth ādlun dalung stīlthtastlo, kētsitnē stābā Simeon lth kāgwūlthtāsang. Joseph itan hin kitzadalung shūtaiang: dālā gwaulē ā lthanga sīlthkang isto, waigen tlīsītluan gwaulē unga il kingwausītlo houshen dālā unga il kīouwāshang. Kingānu ltha waugang. Houān nē gwi unga ltha stēlangundang gwaulē hēst unga il tlāadouāni ken dālā unga houshen il kīiouang, altsīilth yenkien il kwutungē lthwaug yūanouang.

Houshen Jacob isken il kitilung ishin kum tou dāangang,

OLD TESTAMENT STORIES.

waigen houshen Jacob kitilung Egypt tligē ā kil istiēdang, tou ltha dāhouēanā. Houītang Judah hin shouan: dī aung, hinū anung ītlagidas shouan, kum Benjamin dalung alth isānstlo kum houshen tou dalung ga lth istāngshang. Wēata Simeon kētsit nai ā īching; waigen anung ītlagidas hin ītil shūdag̅un, houshen dalung stīlthtlastlo, waigen kum dalung tuanas lth kingānsken kum tlīku Simeon dalung ista tlingē kāng gaang̅ung. Houshen Reuben hin shouan: tlaou tuman Benjamin kingasang, waigen kum houshen sīlthkang il stīlthānstlo dī kitilung stung lth ista waigen il lth tlitawang. Jacob hin shouan: Benjamin lth isto, waigen Egypt tligē ā lth istiēdo, waigen tou lth dakwoo, waigen kum ītil wautliwan kwōtalthkāngshang.

Houshen Joseph kwaialung Egypt tligē gu istlāg̅ang, waigen houshen Joseph tou ltha ga istaiang. Kētsitnē stāhā Simeon ishin kāgwālang Benjamin kwaialung alth idjāni althlā. Houshen Joseph hin kitzadalung shūtaiang: kiagin dālā skatlangwē Benjamin giē gwaulā k̲ū ī lth isto. Tlīku Joseph shouan kingān ltha istaiang. Tou kwaialung ga il istaiang, waigen kūwē gūd unga ltha istiēdang. Kum washtjingāng̅undang Joseph hin kitzadalung shūtaiang: ltha tlā lth istiēdo, waigen hin lth shūū: ītil ītlagīda giē dālā skatlangwē dalung kwolthtag̅un. Tlīku Joseph shouan kingānu ltha waug̅ang. Hin ltha shouan: yenkien wēata dalung an ītil ūnshītung, waigen lth hāada dāunga dalung īching. Ītil ītlagīda gie dālā skatlangwē dalung kwulth īching. Reuben hin shouan: ītilū lāg̅ung, waigen kum dālā skatlangwē talung kwolthtaang̅un. Nung giē gwaulē ā dālā skatlangwē dalung kīasken dalung alth il stīlthasang kētsitnē ā lā dalung istiēan. Benjamin giē gwaulē ā dālā skatlangwē il kīoung, waigen il kwaialung kwutungēsti yūanan, waigen houshen lā alth il stīlthtlaouang.

Egypt tligē gu ltha istlāg̅ang tlo Joseph ltha kāngang. Hinū il shouan: yenkien dalung kwolthtas an dī ūnshītung. Kētsitnē ā dalung lth istaodzūashang kiagin dālā skatlangwē dalung kwolthtag̅uni althlā. Hinū Judah shouan: dī ītlagīda, ītil kalthshint lth kwutung, waigen kum Benjamin

OLD TESTAMENT STORIES. 21

kētsitnē ā lth istāng. Kum dālā skatlangwē dānga gwaulē ā unga talung istaangun : yenkien ītil tuanas kum dungiou skatlangwē kwolthtaangunēgwau. Skatlangwē ītil tuan dānga kwolthtaiang dung kwudungsken kētsitnē ā lth dī ista waigen lā lth kaginda. Ītil aung ta lth tlāt waigen dī tuan sīlthkang stīlthta. Kum sīlthkang il stīlthtānsken houītang ītil aung kwōtalashang.

Joseph sahailthlaiang ken hinū il shouan; dī kwaialung, kum kwutungē unga lth kwīdistlāngu ; tlaou Benjamin giē gwaulē ā skastagunēgwau, waigen Joseph tlaou īching. Kum dī kwotalānsa an dalung ūnshitē da dī hwudungung. Dalung kalthshint lth kwutungsang Shānungetlagidas tuman dī kingsa althlā, waigen Egypt hāadē an dī il ītlagidēlthtagun. Kitzadalung hin il shūtaiang: istiēdūltha, dī kwaialung ādlun īching, waigen singelthkang gūshūē da dī kwudungung. Waikingān il wauouang. Singelthkang il gūshouang silīd houītang Joseph tōu kwan yūan ltha ga istaiang : kin giandas ishin : dālā ishin. Tlan ltha lthtanouang tlo waigen kin wautliwan tlanēlang glu kwaialung il skwuntlaiang waigen hinū il shouan : aung unga gwi sīlthkang stīlthto : kuitan lth isto, halthānounwē ishin, waigen houītang aung unga lth shūdo kum dī kwōtalānsa Shālānā tumān dī kagindaguni althlā. Hin lā ga lth shūdo : dī tagwiāgung waigen Egypt hāadē an dī ītlagidāgung, altsīilth dī ā lth isso waigen Egypt tligē gu lth isgīīu. Pharaoh tligē kwan dalung ga lth istadāshang waigen tou dalung ga lth ista gīīsang.

Il kwaialung wautliwan kwutungē lā yūanan waigen sing lā ā ltha killāgang. Awolth Joseph juiē isken kungē ishin kaiēlthta klāalth wok ga swaunshung lā kwollo hetgwi kwaugulthtang il kungaiang. Lā an ltha kātliyilthdaiang ken hin ltha shouan: kum dung kwollo hetgwi talung kwaugulthtāngsang. Wēata tou istiē da il kwudungouang tlo lā kwollo hetgwi il kwaugulthtaouang, waigen hinū il shūouang : ītil ītlagīda ītil ta lth tlāt, waigen tou ītil ga lth ista. Altsīilth tliku Joseph kungaiang kingān yenkien il kwaialung waugangang. Tlīstluan sīlthkang il stīlthtlaouang tlo tliku Joseph shouan kingān Jacob ga il shūtaouang. 11

kwutungē lā yūanan, waigen Jacob isken, il kitilung ishin, il kitzadalung ishin, Egypt tligē ā lā dungalth istiēdang. Lth hāada klālē chigwau Jacob alth stangang. Tlīstluan Joseph tagwias il kāngang tlo Shānungetlagidas ā il killāḡang. Joseph hin shouan: awolth dī an dalung dāunga yūanḡun, waigen wēata dalung an dī kwutungē lāḡung, altsīilth kum lth lthwaugāngu. Dalung kalthshint lth kwutunḡun waigen King Pharaoh dalung kwōyādung. Tliga yūan dalung ga lth istāshang waigen lamatoē ishin, waigen lamatoē dalung kētsitashang. Goshen tligē Pharaoh ltha ga istaiang, waigen gaigu lamatoē tuman ltha kētsitang. Shantlan wautliwan gūd Joseph tou ltha ga istaḡangang, waigen tuman ltha il kāngang. Tada dāunga chigwau hēlouang tlo Egypt tligē gu tou kwanan, Joseph tuman tou wautliwan kāngāni althlā. Yenkien Joseph kutungā yūanan, waigen tada dāunga chigwau gūd tou Egypt hāadē ga il waddang, waigen dālā lā gwikāēlth kwan yūanan.

Kīstho Joseph idjan? Jacob kitu il idjan, waigen Egypt hāadē an il ītlagidēalang. Kīstho tuman il kāngang? Shālānā tuman il kāngang, waigen dalung kwutungē lāstlo Joseph kingān tuman dalung il kingasang. Joseph kingān kwutungē unga lth edo waigen Shālānā dalung ta tlātasang. Jacob kitilung klāalth wok stangang, waigen Joseph tuana agwaiang. Kum washtjingānḡundang aung unga an il ītlagidēalang, il ou an ishin, il kwaialung an ishin, Shānungetlagidas il kwutungē skwunas kāngāni althlā. Il kutungā yūanāni althlā Egypt hāadē an il ītlagidēalang. Joseph kingān Shālānā ā singelthkang gūshū, waigen ga dāungas gē stāhā dalung il kagindāshang. Wēata lā lth yeto, waigen Joseph kingānu dalung kutungāshang. Kum kin ed hūtsu Shālānā an saalgaanḡung, altsīilth ītil dāungasken kum dāungas unga saalgē talung istakwudungāndzing. Ītil kwutungē wautliwan il kinḡung. Ītil kwutungē dāungasken an il ūnshītung. Shantlan wautliwan gūd ītil il king gūḡung. Kingwoḡuns langa kingān talung wausken ītil gwikāēlthasang Joseph kingānā. Ītil wautliwan il tlaoutlaiang altsīilth ītil an il ītlagidāḡung. Kin wautliwan lāgiou īching. Kin

OLD TESTAMENT STORIES. 23

wautliwan il tlaoutlaianū lāḡung. Yenkien il tagwiă sitlthlīḡung. Shālānā gië kūwē gūd lth istalo waigen hēninga ed swaunung dalung ga il istāshang. Kīstho kin an kaldunǵa tlaoutlang? Tlan Shālāna swaunan kin an kaldunga tlaoutla gīḡung. Adshi tligē isken kin dalung kingsa wautliwan ishin il tlaoutlaiang. Kīstho tagwia isken kin giandas ishin althling ishin touilung ishin tou ishin hānlth ishin dalung ga istaḡunḡung? Tlan Shālānā swaunan kin wautliwan dalung ga istaḡunḡung, waigen tuman dalung il kinḡung: altsīilth kin an kaldunga il ista gīīḡung sing lā ā lth killou waigen Joseph kingānu ga dāungas gē wautliwan stāhā dalung kaḡunasang.

LESSON IX.
ISRAEL HĀADĒ EGYPT TLIGĒ GU IDJAN.

TLISTLUAN Joseph kwōtalang tlo il touilung kwanēlth yūanan Shālānā tuman ltha kāngāni althlā. Egypt tlīgē gu nung ītlagidēlthsken Pharaoh hin il kēya gīīḡangang: altsīilth Joseph an nung ītlagidas Pharaoh hinū il kēyaiang. Joseph kwōtalang silīd houshen Egypt hāadē an Pharaoh ītlagidēalang. Atlanis an ishin kwōtalsken an lā saoutkas nung ītlagidasken atlanis ishen Pharaoh hinū il kēyaiang, altsīilth tada klālē kwan gūd Pharaoh Egypt hāadē an ītlagidas hin kēyāḡangang. Tada lagwau klālth wok lagwau klēlth hēlouang tlo Israel hāadē kwan ga Pharaoh lthwaugaiang. Israel hāadē lā an lthāangwilaiang, waigen kum ltha ga il giasouānḡangang: waigen toů lāsi kum ltha ga il istaānḡangang. Tou skwūnas swaunan ltha ga il istaiang.

Hinū Pharaoh shouan: dī touilung, Israel hāadē lth skidungo: kum ltha dalung skidungānstlo houītang dalung gië tligē ltha kwolthtāsang. Tliku Pharaoh shouan kingānu ltha wauḡang. Egypt hāadē Joseph touilung gidsgildasken, lthāangwil yūanūlthā hin ltha shūdaḡangang. Shantlan wautliwan gud Egypt hāadē an ltha lthāangwilgangang, waigen shantlan wautliwan gud Egypt hāadē ltha an kwutungē dāungaiang. Kum ltha ga ltha giasouānḡangang ken hin ltha shouan: lthāangwil yūanūltha, lthāangwil yūanūlthā, dalung hāagā gīīgung : yenkien dalung talung skidungshang dalung gwou yūansi althlā. Houshen hinū Pharaoh shouan : lth chāada kīāsi, dī kil lth kwudungo : tlīstluan nung hāhutsu lthkais dalung kingstlo houītang lth il tīo, kumu klingān Israel hāadē ītlansida hudila kīiē ga dī istatlāngung. Tliku Pharaoh shouan kingānu ltha waugang. Ltha ītlansida hudilas ltha tlitaodzūgung, waigen lth chāada hudila lthkais tuman ltha kagindagangang. Yenkienu Israel hāadē wautliwan kwutungēsti yūanan. Yenkien anung king gas dāungaiang. Kum Joseph an nung ītlagidāgang kingān il edāngang. Joseph an nung ītlagidāgang Shālānā ā killā giigangang. Anung ītlagida kwutungē dāungaiang, waigen lsrael hāadē an il kātliyilda gīīgangang. Shālānā lā an kwutungēstigangang ken hinū il shouan : Egypt tligē stāhā Israel hāadē lth kagindāshang. Israel hāadē ltha skidungangang tlo Shālānā ā singelthkang ltha gūshūgangang, waigen kum Shālānā da ltha kīskitāngang. Shantlan swaunshung gud Moses tlakaiang. Lā tlakaiang tlo kung ki lth'ūnilth il ou il saalgadaiang, waigen Egypt chāada kiās kum lā tlakaias an ūnshitāngang. Kung ki lth'unilth hēlouang tlo basketgē ā il ou Moses istaiang, waigen tungē kwulth yekī houītang lā il istaiang. Washt ed kouit Pharaoh gwudjan tungē stāhā kātlāgang tlo lā il kāngang. Basketgē il kīaiang, waigen wast il daastlaiang silīd Moses il kāngang. Lā alth il kwutungē lā yūanan, waigen kitzadalung hin il shūtaiang : Moses lth isto, kiagin nai ā lā lth glīido tuman lā lth kāngēan. Pharaoh gwudjan anung hāhutsūs tungē stāhā kagindaiang, altsīilth Moses hinū il kēyāgang. Tuman Moses il kāngang, waigen schoolnē lāsi ā lā il istaiang, altsīilth houītang il kutungāgang. Kin wautliwan an il ūnshītang, kōgīna kwan ishin. Tada klālē stanshung il ēlthstlo Egypt hāadē swaunshung il toui skodas il kāngang. Houītang Moses tou unga ta tlāēdang, waigen nung Egypt hāadas il tīaiang. Egypt hāadē tliku il waus anūnshitālang, altsīilth Moses tliga jinga ā kaiitang, Egypt hāadē ga il lthwaug yūanāni althlā. Tliga jinga gu tada klālē stanshung gūd lamatoē il kętsitang. Tada klālē stanshung hēlouang tlo kīt yūan ōs Moses kāngang, waigen ā il kāḡang. Tlīstluan il dūungāēlāni tlo hinū Shānungetlagidas il shūtāiang: staskoḡa lth unga dāng giouk dung giansi tligē lā yūansi althlā. Moses kingān wauḡang. Hinū Moses shouan: kīstho dung īching? Yenkien Moses kwutungē kladskaēlang, waigen hinū il shouan: houītang dī ga lth shūda, kīstho dung īching? Hangtlan Shālānā hin il shūtaiang: dung ītlagīdou dī īching. Houītang Moses lā ā singelthkang gūshouang ken hinū il shouan: wēata O Shālānā dī ta lth tlāt yenkien dī kuniskidē gāḡung: dī kalthshint lth kwutūng, waigen tuman dī lth king Egypt hāadē ga dī lthwaug yūansi althlā.

Shānungetlagidas hin shouan; dī tagwiāḡung, lth hāada wautliwan lth tlaoutlaiang, waigen kin wautliwan ishin. Egypt hāadē lth tlaoutlaiang waigen Israel hāadē ishin. Egypt hāadē skidungē kum lānḡung, altsīilth Israel hāadē ta lth tlātasang. Egypt tligē stāhā ltha lth kagindāshang, waigen dung ga dī istatlang, altsīilth kwutungē unga lth kladskāda. Hangtlan Moses hin shouan: O Shālānā, dī kuniskidē gēlgung, waigen kum dī ītlagidānḡung. Shālānā hin il shūtaiang; dung ga dī istatlang, waigen dung ta lth tlātasang, waigen Israel hāadē an dung lth ītlagidēlthtāsang ltha dung kagindiēan. Pharaoh lth kinḡung, waigen Israel ītlansida hudila tlitiē da il kwudunḡung. Wēata Israel hāadē ta lth tlātasang, altsīilth kwutungē unga lth kladskāda, waigen ltha an dung lth ītlagidēlthtāsang. Egypt tligē gwī lth stīlth, waigen Israel hāadē lth kaginda. Hangtlan hin Moses shouan: awolth nung Egypt hāadē lth tīiḡun, waigen dī ltha kingstlo dī ltha tīasang, altsīilth ltha ga dī lthwaugaḡunḡung. Houshen Shālānā hin il shūtaiang: kum Egypt hāadē ga lth lthwaugāng, dung alth lth stungasēsi althlā. Egypt tligē gwi lth stīlth waigen hin Pharaoh ga lth shūda; houītang Israel hāadē wautliwan Egypt tligē stāhā lth kil istiēda; waigen kum ltha il kil istiēdānstlo, houītang Egypt tligē gu kin an kaldunga lth tlaoutlāshang. Kin an kaldunga lth istastlo Pharaoh kwutungēstiasang, waigen dī touilung il kil istiēdashang.

Tlīstluan Moses kwutungē kladska ēlang tlo Egypt tligē ā il kaiitang, waigen tliku Shālānā shouan kingān Pharaoh ga il shūtaiang. Pharaoh kwudangang tlo hinū il shouan : Shānungetlagidas ginggangan dī an ēdung. Kīstho il īching? Kum dī kingān il ītlagidānḡung isi ishin kum il tagwiānḡung, altsīilth kum il touilung lth kil istiēdāngshang. Yenkien adshi tligē yūan an dī ītlagidāḡung, waigen Egypt hāadē wautliwan an ishin. Hangtlan Moses hin il shūtaiang: lāḡung, Shānungetlagidas dung kwutungē kil sti yūansang, waigen dung touilung ishin. Tlan lā swaunan ītlagidāḡung, waigen kum dung ītlagida tagwiānḡung; altsīilth il touilung wēate dung kil istiēdē lāḡung. Pharaoh kātliyilthdaiang ken hinū il shouan: kum Shānungetlagidas ga dī lthwaugaanḡung, altsīilth kum Israel hāadē Egypt tligē stāhā lth kil istiēdāngshang. Hinū Moses shouan: kum Israel hāadē dung kil istiēdānsken, kin an kaldunga dung kingstlo althlu dung kwutungē stiasang. Kīstho lāḡung? Tlan Shālānā swaunan lāḡung. Lth hāada wautliwan Pharaoh kíngānu dāungang, waigen kum Shālānā kil ltha yetānstlo kum shā tligē ā ltha isāngsang. Shālānā alth talung kiānungstlo ītil kwutungē il tlalāshang. Ītil kwutungē lāḡē da il kwudunḡung, altsīilth kin wautliwan ītil an il tlaoulthlāḡelgun. Tlīstluan kwutungē unga talung stīlthtastlo ītil kwutungē lāshang. Kum kwntungē unga talung stīlthtānstlo, ītil kwutungē gūashang. Wēata dalung dāungas lā ga shūdo, waigen dāungas washt il kishūasang. Tlīstluan dalung dāungas washt il kishūstlo dalung lāshang. Ītil dāungasken kum shā tligē talung kingāngsang, shā tligē lth hāada lā swaunan an lāḡung. Kum nung ītlinga dāunga shā tligē gu isānḡung. Shā tligē lth hāada lā alth stāouḡāḡung, waigen lth hāada lā swaunan shā tligē gu īching. Shālānā lth hāada lā wautliwan an ītlagidāḡung. Lā gwi kwutungē unga dung isken dung touilung ishin stīlthtastlo, sīk ga dalung il istāshang, waigen lā kwulth dalung is gīīsang. Shā tligē itzgē da dalung kwudungstlo, Shālānā kil lth yeto, waigen Israel hāadē lth kil istiēdo. Waigen tlan il gūshouang tlo Pharaoh stāhā Moses kaiitang.

OLD TESTAMENT STORIES. 27

LESSON X.

KINANKALDUNGAS.

SHĀNUNGETLAGIDAS hin Moses shūtaiang: Pharaoh kwutungē dāungas an dī ūnshītung: il lāgē da dī kwudungung, altsīilth kum houītang lā lth tīāngshang. Adātlth singai gastlo, hānlth jingu lth giang, waigen hin lā ga lth shūda, kum houītang Israel hāadē dung kil istiēdānsken dī tagwia yūans an dung ūnshitalthasang. Waikingān Moses waugang. Pharaoh il kāngang,, waigen Pharaoh kum Israel hāadē kil istiēdē ga istatlāngang. Altsīilth Shānungetlagidas hin Moses shūtaiang: hānlthē saasgut waigen hānlthē wautliwan ai ēlthasang. Kingānu il waugang. Hānlthē il saasgutāni, waigen hānlthē ai ēlang. Skātlink wautliwan kwōtalthkaiang, waigen hānlth wautliwan skwūna ēlang. Kum hānlth skwuna ltha anīlgangang, waigen ltha hutlāsītlo ai ā gīīgungangang, altsīilth Egypt hāadē kwan sti yūangangang. Adshi kin an kaldunga Moses tlaoutlāgangang, waigen Pharaoh kwutungē dāungaiang althlā kum Israel hāadē il kil istiēdāngang.

Shantlan chigwau hēlouang tlo Shālānā hin Moses shūtaiang; houshen Pharaoh ā lth kaiit, waigen hin lā ga lth shūda, kum dī touilung dung kil istiēdānstlo dī an ltha lthāangwilēan lthkenkwustan kwanēlth yūansang. Waikingān Moses waugang, waigen Pharaoh kum Israel hāadē kil istiēdē ga istatlāngang. Houshen Shālānā hin Moses shūtaiang: wēata stlē unga lth tungē aiyāgulthta. Moses kingān waugang, waigen lthkenkwustan Egypt tligē alth stāougāgang; waigen giouk Israel hāadē nāansgē swaunan lthkenkwustan kum kāng gaangang. Pharaoh kwutungē kwīdistlaiang. Houītang Moses ā il kaiitang ken hin il shouan: Shālānā ā singelthkang lth gūshū: lthkenkwustanē gūiltbalth waigen Israel hāadē lth kil istiēdashang. Moses Shālānā ā singelthkang gūshouang, waigen lthkenkwustan wautliwan il hēlōdaiang. Tlīstluan Pharaoh lthkenkwustan wautliwan hēlōs il kāngang tlo hinū il shouan: kum Israel hāadē wēata lth kil istiēdāngshang. Adshi kin an kaldunga Moses tlaoutla stangang, waigen Pharaoh kum kwutungē unga stīlthtaangang. Houshen Shālānā hin Moses shūtaiang; wēata kum Pharaoh lth tīāngshang, il lāgē da di kwudungung, il touiling ishin. Wēata kwiē lth skidusta. Moses kingān waugang, waigen ski Egypt tligē askwan gu kwanēlth yūanan. Pharaoh touilung kutungas hin shouan; kum Israel hāadē dung kil istiēdānstlo, Israel hāadē an nung ītlagidas ītil tlita odzūashang. Houītang ītil an il kātliyildastlo ītil kwōtalkā odzūashang. Giouk Israel hāadē nāans gē swaunan kum ski kāag gaangang, Egypt tligē tlou ski alth stāougāgang. Shānungetlagidas kin an kaldunga lth'ūnilth tlaoutlaiang, waigen Pharaoh kwutungē dāungaiang althlā kum Israel hāadē il kil istiēdāngang.

Moses houshen Pharaoh an kātlāgang ken hinū il shouan: kum Israel hāadē dung kil istiēdānstlo houshen Shānungetlagidas kin an kaldunga tlaoutlāshang, waigen stlaldigwan dalung wautliwan inku kwanēlthasang, dīdan an ishin. Tliku Moses shouan kingān kum il wauangang, altsīilth stlaldigwan isken dīdan ishin kwanda yūanan. Pharaoh giē nē ā stlaldigwan kwan yūanan, waigen Egypt hāadē giē naai wautliwan stlaldigwan alth staouwāgang dīdan alth ishin: waigen tou wautliwan kin dāungādangang. Pharaoh kwutungē sti yūanan, waigen il touilung wautliwan ishin. Moses hin il shūdagangang: O Moses, Shālānā ā singelthkang lth gūshu, waigen stlaldigwan gūilthalth, waigen dung touilung lth kil istiēdashang. Kashintlou Israel hāadē kil istiēdē ga il istatlou ūdjang? Giouk Israel hāadē nāans gē swaunan kum stlaldigwan kāng gaangāni althla, waigen Shālānā lā telgu tagwias an il ūnshītang. Kashintlou giouk Israel hāadē nāans gē gu kum stlaldigwan isken dīdan ishin kāng gaang ūdjang? Shānungetlagidas tuman Israel hāadē kāngang altsīilth lthāgiou tligē gu kum stlaldigwan isāngang. Moses Shānungetlagidas ā singelthkang gūshouang, waigen stlaldigwan isken dīdan ishin hēlō odzouang. Tlīstluan stlaldigwan hēlōs il kāngang tlo houshen kil unga il tlahustaiang, waigen kum Israel hāadē il kil istiēdāngang,

OLD TESTAMENT STORIES. 29

Kum lāgē ga il istatlaiani althlā Sbānungetlagidas hin Moses shūtaiang: haiēt sīk lth ista, yenkien haiēt sīk hou lth istatli, waigen Egypt hāadē wautliwan gugastlijou odzūashang. Kingānu Moses waugang, waigen Egypt hāadē gugastlijou odzouang. Yenkien ltha sti yūanan: kuitanē lthanga ishin, mūsmūsgē lthanga ishin, waigen kintīga wautliwan ishin. Adshi kin an kaldunga kwunast Shānungetlagidas Egypt hāadē giē mūsmūsgē tlasti yūangangang, waigen mūsmūs kwan kwōtalthkaiang: altsīilth Egypt hāadē kwutungēsti yūanan. Israel hāadē kum gugastlijou swaunshangang, waigen althlu Egypt hāadē kwan kwōtalthkaiang, mūsmūsgē ishin, kuitangē ishin. Shālānā tuman Israel hāadē kāngang il kil langa ltha yetaiāni althlā. Hinū Pharaoh touilung kutungas shouan: houītang lth Israel hāadē kil istiēda, Israel hāadē an nung ītlagidas ītil an kwutungēstis althlā. Pharaoh houshen kwutungē unga kladska ēlthtaiang, waigen tliku ga kutungas gē shouan kingān kum il wauangang.

Wēata Shālānā lā an kātliyildaiang, waigen hin Moses il shūtaiang: Pharaoh ā lth kaiit, waigen hin lā ga lth shūda, kum adātlth Israel hāadē dung kil istiēdanstlo, katslang yūanda lth gwououdāshang, waigen sēoulthta ishin. Kīstho kiak isisken katslang yūanda tīashang. Hinū Pharaoh shouan: kum Israel hāadē lth kil istiēdāngshang. Kum Shānungetlagidas ga dī lthwaugaangung. Ginggangan dī an il ēdung, altsīilth il touilung wautliwan lth tlitāshang. Hangtlan hin Moses shouan: lāgung, adātlth washoutka kwutungē adda dung istāshang, waigen Shālānā ga dung lthwaug yūansang. Yenkien kum kwutungē unga dung stīlthtānsken Shānungetlagidas dung tīashang, waigen dung touilung wautliwan ishin; wadla tliga kalat hāadē wautliwan tlan Shālānā swaunan tagwias anūnshitasang. Kum Pharaoh kwutungē unga stīlthtaangang, waigen singai an katslang yūanda gwououang, waigen sēouldangangang, waigen ishin hēlung yūangangang. Egypt hāadē wautliwan kwutungē tlakwīd yūanan, waigen lth hāada tatilzu kwōtalthkaiang. Goshen tligē, giouk Israel hāadē nāans gē gu swaunan kum katslang yūanda gwouwāngang, waigen kum gu sēouldānḡangang, waigen ishin kum hēlungaṉḡangang Shānungetlagīdas tuman Israel hāadē kāngāni althlā. Pharaoh kwutungēsti yūanan, waigen houītang Moses ā il kaiitang, waigen hinū il shouan : Shānungetlagidas ā singelthkang lth gūshu, waigen katsūlingē gūilthalth, waigen yenkien Israel hāadē lth dāngashang. Hinū Moses shouan : adātlth Shālānā ā lth gūshūasang, waigen adshi katsūlingē il tlaḡūilthasang. Adshi tligē kum dunḡiou isānsu an dung ūnshitē da dī kwudunḡung. Shānungetlgidaas tliga wautliwan tlaoutlaiang, altsīilth tliga wautliwan lāgiou īching. Egypt tligē il tlaoutlaiang, altsīilth Egypt tligē lāgiou īching. ·Tliga wautliwan an il ītlagidāḡung, altsīilth lā ga lth lthwauga, waigen dung il kagindāshang. Moses Shālānā ā singelthkang gūshouang, waigen katsūlingē il tlaḡūēlāni.

Pharaoh kilthkadangang. Katsūlingē hēlōs il kāngang tlo, houshen kwutungē unga il kladska ēlthtaiang, waigen kum Israel hāadē il kil istiēdangang. Houshen an Moses Pharaoh ā kaiitang, waigen hinū il shouan : dung kilthkadung gīīs althlā Shānungetlagidas tliga wautliwan gu locustsgē isīlthtāsāng, waigen locustgē kin tās wautliwan tāashang. Singaian locustsgē kwan yūan il kāngang. Locustsgē yen lth'alth kingānu edāni, altsīilth kum juie ltha kingāngang. Locustsgē nē wautliwan ā kwan yūanan, waigen Egypt tligē locustsgē alth stāouḡāḡang. Kin ltha tās lthanga locustsgē tāodzouang. Wēata Pharaoh touilung wautliwan hin shouan : Israel hāadē lth kil istiēda, waigen ltha an nung ītlagidas kum ītil tlitāngshang. Pharaoh hin Moses shūtaiang : Shālānā ā singelthkang lth gūshu, waigen locustsgē il tlahēlōsken, yenkien Israel hāadē lth kil istiēdashang. Moses Shālānā ā singelthkang gūshouang ken locustsgē wautliwan hēlouang. Pharaoh locustsgē hēlōs kāngang tlo houshen kwutungē unga il tlaoulthdāungaiang, waigen kum Israel hāadē il kil istiēdāngang. Adshi kin an kaldunga kin an kaldunga stanshunga Moses tlaoutlaiang, waigen Pharaoh kum kwutungē unga stīlthtaangang.

Shānungetlagidas houshen hin Moses shūtaiang ; kum

OLD TESTAMENT STORIES. 31

Pharaoh dī touilung kil istiēdānstlo kin an kaldunga kalat lth tlaoutlāshang, waigen wadla lā lth tīashang. Kum Egypt hāadē kwutunge unga stīlthtaangang, waigen kum Israel hāadē il kil istiēdāngang. Halga kladska yūan Egypt tligē gu ltha ga il istaiang. Kum halgāḡuns kingānu edāngang. Kum Egypt hāadē kiak kāgwulthāng̃angang, waigen Egypt hāadē wautliwan lthwaug yūanan. Pharaoh tliku Shānungetlagidas ā singelthkang gūshūē Moses alth il kiānangang, waigen lā ā singelthkang il gūshouang; waigen houshen Shānungetlagidas halgas il tlan tlaēlāni. Tlīstluan Egypt hāadē halgas hēlōs kāngang tlo houshen Egypt hūadē wautliwan kwutungē unga tlaoulthdāungaiang, waigen Pharaoh kum Israel hāadē kil istiēdāngang. Giouk Israel hāadē isisgē gu kum halgaangāni, waigen Egypt tligē halgas alth stāouḡāḡang. Adshi kin an kaldunga klāalth wok swansing̃u Moses tlaoutlaiang waukialk Pharaoh kum kwutungē unga stīlthtaangang.

Shānungetlagidas hin Moses shūtaiang : houshen ltha lth istakwudungsang, waigen siliā, Egypt tligē stāhā touilung lth kagindāshang. Israel hāadē ā lth kaiit, waigen hin ltha ga lth shūda : houītang kin wautliwan unga lth tlaēlthkin, Shānungetlagidas Egypt tlige stāhā dalung istiēdē ga istatlas althlā. Israel hāadē Shālānā kilth kingānu waug̃ang. Singyāstlo, Shānungetlagidas Egypt hāadē wautliwan gie nē ā angel swaunshung kil kaiitang, waigen ltha kwaskida wautliwan anung angelgas tlitaiang. Yenkien Egypt hāadē kwaskida kwōtalthka odzouang, waigen kum nung Israel hāadē swaunshung kwōtalthāngang. Singaian Pharaoh kātlouang ken Egypt hāadē wautliwan kwaskidas kwōtalthgias an il ūnshitālang tlo yenkien il kwutungē langa kātliyilda yūanan. Tlīstluan Israel hāadē Egypt hāadē wautliwan kwaskidas kwōtalthgas kāngang tlo, houītang Egypt tligē stāhā ltha istiēdang Egypt hāadē ga ltha lthwauḡālāni althlā.

Pharaoh ga soldiers gē ltha tlā unga il kil istiēlang, Israel hāadē sīlthkang stelgē da il kwudangāni althlā. Tungē s'het ā ltha istalgangang, waigen Pharaoh giē soldiers gē ltha tlā gundals ltha kāngang tlo yenkien ltha lthwaug yūanan. Hinū Moses shouan: Israel hāadē, tlazūğiatlou, waigen Shālānā ītil wautliwan Egypt hāadē stāhā kagindāshang. Tliku Moses shouan kingānu Israel hāadē wauğang. Houītang Shālānā hin Moses shūtaiang: adshi tungē lth saasgut, waigen tungē gwudād ādashang. Moses tungē saasgutāni, waigen adshi tungē gwudād āadāni. Houītang hinū Moses shouan: Israel hāadē wautliwan, āada lth gundalo, waigen Pharaoh gie soldiers gē stāhā dalung kağunasang. Israel hāadē wautliwan tungē yhillāsi kalthgwīd gundalang, waigen inğūst gu ltha istlātajāni.

Pharoah ltha tlā kāgē da kwudangang, tungē yhillāsi il kāngāni althlā. Israel hāadē wautliwan tlīstluan inagūst tligē gu ltha istlātajāni tlo houshen Moses tungē saasgutāni, waigen Pharaoh giē soldiers gē Red Sea ā kwōtalthka odzouang. Tlīstluan houshen Moses tungē saaskidāni tlo ga soldiers gē tatilzu tungē wautalthkaskudāni, waigen wau gu ltha kwōtalthkaiang. Tlīstluan ga soldiers gē chān unga akkītūğasi il kāngang tlo ltha kōnunğelguns kingānu il ēlang. Israel hāadē wautliwan hanglthalthgang il kingtijangang. Kum tliku ā il katis tlingē kāng gaangang an il ūnshitālang. Houshen, tungē ā il kwōtalses an il ūnshitālang tlo il lthwaug yūanan. Dī touilung, Pharaoh isken, Egypt soldiers gē wautliwan ishin adshi tungē ā kwōtalthkaiang, Shānungetlagidas giē kingwoğungē ltha tlahustaiang althlā.

Yenkien Shānungetlagidas kin an kaldunga klāalth tlaoutlaiang, Pharaoh kagindiē da il kwudangāni althlā. Pharaoh kum kwutungē unga stīlthtaangang, altsīilth il touilung tungē ā kwōtalthka odzouang. Shānungetlagidas Egypt tligē stāhā Israel hāadē kaginda odzouang lā ltha yetaiāni althlā. Pharaoh kingān shā kwutungē unga dalung istasken dalung il istāshang hetgwaugē ā. Tlan lth kwutungē unga shā edo, waigen Israel hāadē kingān dalung il kagindāshang. Wēata tliku Shālānā shūsi kingān lth wauğīīu, waigen dalung kutungāsang. Shānungetlagidas giē kingwoğungē dalung tlahustasken Pharaoh kingān dalung gūashang. Wēata kwutungē unga lth stīlthto, waigen kin dāungas

OLD TESTAMENT STORIES. 33

stāhā dalung kag̈unasang. Kīstho ītil kwutunge tlaoulthdāungiē kwudung̈ung? Hetgwaulana ītil kwutunge tlaoulthdāungiē istakwudung̈ung. Kīstho hetgwaulana īching? Lth hāada dāunga wautliwan an il ītlagidāgung, waigen tlīstluan ga dāungas gē kwōtalkāstlo lā alth ltha stungashang hetgwaugē gu. Yenkien hetgwaugē kousta yūang̈ung, waigen adshi tligē ā dalung isistlo kum tliku hānlth sūtsu dalung ista tlingē kāng gaang̈ung. Hetgwaulana kin dāunga ista gīīgung. Dalung kutungāstlo Shālānā ā singelthkang dalung gūshūasang, waigen houītāng Hānts Las dalung ga il istāshang hetgwaulana stāhā dalung il kagindiēan. Hānts Las Shānungetlagidas īching waigen ītil il kwōyādung. Pharaoh kingān ītil kwutungē skēlastlo il kwuntungēstiasang. Lā alth talung kiānungsken ītil kwutungē il tlaskwunagelthasang. David hin shouan : kum dī an kātliyildāng : dī kwutungē tlaskwuna, waigen kum Hānts unga Las di stāhā lth istāng. Ītil lāsken Hānts Las ītil halistalasang kūwē las gūd ā. Laou ītil an kin skadadālē gāgung, waigen ltha kwutungē tlalā lē ishin il īching. Laou isken Jesus Christ ishin Shānungetlagidas kingānu ēdung. Jesus shā tligē stāhā kātlāgang, waigen Moses Israel hāadē Egypt tligē stāhā kagindag̈angang kingān hetgwaugē stāhā ītil hātlandē il kagindāshang. Ītil hagunan il kwōtalang, waigen wēata Shānungetlagidas kwulth soolgūsta il kouwang. Kwai amzawan houshen adshi tligē gu il kātlāshang, waigen ltha hēningas isken ltha kwōtalthgias ishin il ginkilislangshang. Lā ga lth lthwaugu : lā lth kwōyādo : tliku il shūs kingān lth wauu, waigen il kātlāstlo dalung kag̈unasang. Il kil dalung yetastlo Israel hāadē tligē dāunga gu isis tuman il kāngang kingān hetk tligē gu dalung isis tuman il kingasang.

LESSON XI.
KINGWOGUNS KLĀALTH.

SHĀNUNGETLAGIDAS Egypt tligē stāhā Israel hāadē kagindaiang silīd tlȋga dāunga gu ltha istlāgang. Washt ed kouit Israel hāadē kum hānlth kīāngang, waigen Moses an ltha

HAIDA. D

kātliyilthdaiang. Shālānā hin Moses shūtaiang; dalung an ltha kātliyilthdasu lth kinḡung, altsīilth Israel hāadē wautliwan lth stigulthtāsang. Moses Israel hāadē an kwutūngē lā gīīḡangang, waigen tlīstluan Israel hāadē stigang tlo Shālānā ā singelthkang il gūshouang ltha il tlatagwialēan. Moses kil il kwudangang, waigen Israel hāadē il tlanūngīstlaiang. Kum washtjingānḡundang Israel hāadē kum tou kīāngang, waigen houshen Moses an ltha kātliyilthdaiang. Moses Shālānā ā singelthkang gūshouang ken hīnū il shouan: dī ītlagīda dī ta lth tlāt, Israel hāadē dī an kātliyildunḡung kum tou ltha daānsi althlā. Houītang Shānungetlagidas tou ltha ga ista kwanan, waigen tlīstluan ltha tāgang tlo ltha kwōtalthkaḡangang. Houshen Moses ltha kalthshint kwutangang, waigen ltha dāungas washt il kīshouang.

Shantlan swaunshung gūd Israel hāadē lthdou Sinai an istlāgang, giouk Shānungetlagidas kingwoguns klāalth Moses ga istiang gwau. Israel hāadē wautliwan lthdouwē stāhā wadshgwau agwi idjan, waigen tlan Moses swaunan gwi katlaiang. Shālānā hin shouan; nung hāada swaunshung lthdou inku kūtlāsītlo lā lth tīashang. Moses sīlthkang stēlang kwunast Israel hāadē kin dāunga tlaoutlaiang; waigen tlīstluan sīlthkang il stēlang tlo ltha an il kātliyilthdaiang. Hinū il shouan; kītildou Shālānā kil kwōyādastlo dī ta lth tlāto, waigen ga dāungas gē talung tlita odzūashang. Tlīstluan lthdouwē stāhā sīlthkang il stēlang tlo kingwoguns klāalth il stlē ou idjan. Shānungetlagidas kingwoguns klāalth tablegē stung inku kālangang. Yenkien Israel hāadē gold mūsmūs kīti an tlaoutlaiang, waigen ā singelthkang ltha gūshūouang. Moses kāngang, waigen yenkien althlu il kwutungēstiḡangang. Il kūltiyilda yūanāni althlā kwau tablegē stung inku kingwoguns klāalth iṣis il tlahustaiang. Lth hāada lā wautliwan lā tatlāēdang, waigen ga dāungas gē ltha tlita odzouang. Tlīstluan houshen Israel hāadē il tlaoulthlāgālang tlo houshen an lthdou gwi il kātlaiang waigen houshen Shālänā kingwoguns klāalth lā ga istaiang.

Kingwoguns swaunshung. Shānungetlagidas adshi kil

OLD TESTAMENT STORIES. 35

shūtaiang, waigen hinū il shouan: Shālānā dung ītlagīdou dī īching, kum nung ītlagida kalat an lth ūnshitāng tlan dī swaunana.

Kingwoguns stung. Kum kin kētdaha kinung an tlaoutlāng, waigen shā kin isis da kum nījingāng, waigen hētk tligē gu kin isis ishin, waigen hānlth ā kin isis ishin: kum altsīilth ā kin isis hetgu tikwushtloāng, waigen kum ā singelthkang lth gūshuāng, dung an dī Ītlagidāsi althlā. Ltha aungalung kin dāungas istastlo ltha kitilung inku washoutka lth istāshang; waigen dī ltha kwōyādastlo ltha kalthshint lth kwutungsang kingwoguns tuman dī na ltha kingstlo.

Kingwoguns lth'unilth. Kum lth ginggangan Shālānā dung an Ītlagidas kēyi ā singelthkang lth gūshuāng; kītildou ginggangan il kēyi kwīdungs hetgwangai ā isisang.

Kingwoguns stanshung. Sundaygē an lth agung kin ūnshīto, waigen tuman lth lāsi kingo. Shantlan lthūunilth gud lth lthāangwilo, waigen kin dalung istas wautliwan ēlthkīdo. Shantlan chigwaustlo Shālānā dalung ītlagīda agung shanzoutaiang. Sunday gastlo, kum lth lthūangwilgungāng, dung isken, dung kit ishin, dung gwudjana ishin, dung kitzadalung ītlansidasi ishin, dung kitzadalung chāadasi ishin, dunḡiē kintīgē ishin, waigen nung tliga kalat hāadē dunḡiē nai ā isis ishin. Shāntlan lthūunilth gūd Shālānā shā tligē tlaoutlaiang althlā, hētk tligē ishin, tungē ishin, waigen kin wautliwan gu isi sishin; waigen shantlan chigwaustlo agung il shanzoutaiang, altsīilth Shūlānā adshi shantlanē kwōyād yūanḡung.

Kingwoguns klēlth. Aung unga lth kwōyāda, ou unga ishin; waigen tliku il shūtawas kingūn lth wau; kingān dung waustlo tlūā dung hēningāshang ou tligē gu Shālānā dung Ītlagīda dung ga istaiang.

Kingwoguns lthūunilth. Kum lth hāada tīāng.

Kingwoguns chigwau. Kum lth chaaiḡungāngu isi ishin kum lth laaiḡungāngu.

Kingwoguns stānshunga. Kum lth kwolthtaang.

Kingwoguns klāalthswansinḡu. Kum dung kwulth nung nās hansta kwaiēdungāng.

Kingwoguns klāalth. Kum dung kwulth nās giē nē kwutungē unga alth ga istataltāng; kum dung kwulth nung nās chā ga kwutungē unga alth istataltāng: il kitzadalung ītlansidasi ishin, il kitzadalung chāadasi ishin, lāgiē mūsmūsgē ishin, lāgiē kuītangē ishin, waigen kinhan il daas an ishin. Tliku Shālānā shouan ishin lth kwudungo, waigen kingān lth waugīīu. Hinū il shouan: kwutungē unga wautliwan alth Shālānā lth kwōyādo, waigen hātlandē unga wautliwan alth ishin, waigen dalung kutungas wautliwan alth ishin. Waigen kingwoguns kalat hin shouan: tliku tlū unga dalung kwōyāda tlidzūs kingān lth lth hāada wautliwan kwōyāda tlidzūs. Ashgaiu kingwoguns stung stāhā kingwoguns wautliwan kiāgāgung, waigen ga prophetgas gē ishin. Dī touilung, kingwoguns wautliwan kingān lth wauu, waigen dalung hātlandē kagunasang.

Houshen Israel hāadē Moses an kātliyilthdaiang kum hānlth ltha kīangāni althlā, waigen Shānungetlagidas ltha ishin an kātliyilthdaiang, waigen sik zanoa ltha ga il istaiang, altsīilth Israel hāadē kwan kwōtalthkaiang. Moses an ltha istlāgang ken hin ltha shouan: ītil kalthshint lth kwutung, waigen Shālānā ā lth gūshu sik il dāngēanā: waigen tliku kingwoguns shūs kingān talung wau gīīshang. Moses lā ā singelthkang gūshouang, waigen hangtlan hin il shouan: Moses, sik lthkenē sīk lth ista ltha wautliwan kāngēanā. Kīstho sik lthkenē kingsīken kagunasang. Moses kingān waugang. Adshi sik lthkenē shā isi ltha kingsītlo kum kwōtalthkaangang. Ltha oualung giouk sik lthkenē isis ā kitilung ltha kēlthilungangang ltha kāngēanā, waigen ltha lāgelthēanā. Kitilung giouk sik lthkenē isis ā yāalung ltha kēlthilungangang, waigen gaigu ltha tagwiēlgangang. Lth hāada tagwias ltha stis giouk sik lthkenē ā kēlthilungangang, waigen ltha lāgelth odzouang. Yenkien Shālānā Israel hāadē an kwutungē lū yūanan, waigen ltha sti wautliwan il tlanūngīstlaiang. Hin ltha il shūtaiang: tliku dalung ltha shūtas kingān dalung waustlo kum houshen dalung an dī kwutungē stiāngshang.

Israel hāade houshen dāungaiang Massah tligē gwau,

waigen Shālānā ltha an kātliyilthdaiang, altsīilth tada klālē stanshung gūd kum tliga lā ltha ga il istaangang. Ltha kīā wautliwan dāungaiang, altsīilth kum tliga lā ltha kingāngang. Itan ltha innas swaunan Israel tligē ā istiēdang. Hinū Psalmgē shouan: aiata Shālānā kil kwudungē da dalung kwudungstlo lth kum kwutungē unga katsadāngo Israel hāadē kingān Meribah tlīgē gu waigen Massah tligē dāunga ā. Yenkien dalung aungalung dī istakwudangang, waigen kin lth istaiang ltha kāngang. Dī kwutungē ltha an kātliyildungīni. Tada klālē stanshung gūd ltha an dī kwutungē stigangang ken hin lth shouan: lth hāada kwutungē unga hadlougung kum kūwē dī na an lth ūnshitānsi althla, altsīilth giouk lth agung shanzoutas gu kum ltha istlāāngshang.

Moses Israel hāadē an ītlagidēalang an dalung ūnshītung. Moses an ltha kātliyilthdaīang kum hānlth ltha kīāngāni althlā. Israel hāadē bin Moses shūtaiang: Moses, kashintlou kum hānlth talung kīāngung? Itil wantliwanu lāgung Egypt tligē gwau. Kashintlou Egypt tligē stāhā ītil dung istou ūdja? Moses Shālānā ā singelthkang gūshouang, waigen lā da il tlāēdang. Hinū il shouan: wadshgwau tīsh isis ā lth gūshu lth'uniltha, waigen tīshē stāhā hānlth kwauadasang. Israel hāadē lā an kātliyilthdaiang althlā, adshi tishē il saaskidang, waigen hānlth washt kwauadāni. Adshi tīshē il saaskidāni althlū, tliku Shālānā lā ga shouan kingān kum il wauangang Houītang Shālānā hin il shūtaiang: kashintlou kingwoguns dī na dung tlahustou ūdjang? Kingwoguns dī na dung tlahustaguni althlā, kum Israel tligē ā dung kāangshang, waigen adshi tligē dāunga gu dung kwōtalashang. Houītang il kwōtalang, waigen Shūnungetlagidas il tlēēwaiang, waigen tlītzan lā il tlēēwaiang kum nung hāada swaunshung anūnshitāngang.

Moses Egypt tligē stāhā Israel hāadē kagindaiang, waigen Jordan hānlthē ā lth hāada wautliwan dungalth il kātlāgang, waigen gaigu il kwōtalang. Tada klālē stanshung gūd Moses Israel hāadē an ītlagidēalang, waigen lā ltha kwōyād yūanan. Wēata tliku Shānungetlagidas dalung shūtas kingān lth waugīīu, waigen shā tlīgē gu Moses alth dalung stung ḡīīshang. Kingwoguns kingān lth gundzū gīīu, waigen dalung kaḡunasāng. Hinū Shālānā ā Singelthkang lth gūshū: O Shalānā, ītil kalthshint lth kwutung, waiḡen kingwoguns klāalth ītil kwutungē inku lth kālung. Sundaygē an lth agung kīn ūnshīto. Sunday gastlo dalung lthāangwilastlo dalung il skādēlthasang. Sunday gastlo an agung lth shanzouto, waigen dalung lāshang. Adshi shantlanē gūd dalung lthāangwilasken, hetgwaugai a dalung isisang. Dalung lthāangwilastlo kingwoguns langa dalung tlahustāshang: waigen lth hāada wautliwan kingwoguns tlahustas hetgwaugai ā isisang Israel hāadē dāunga kingān. Sundaygē unga lth kwōyādo, waigen churchnē ā lth istzoo il kēyi ā dalung killāḡēana. Sundaygē dalung an il tlaoulthlāḡālang, waigen shantlan chigwau dalung kwōyādastlo dalung kutungāsang.

Hinu kingwoguns klēlth ītil skadadang: aung unga isken ou unga ishin lth kwōyāda, waigen tliku il shūtawas kingān lth wau. Tliku dalung aungalung shūsi kingān lth wauū. Kum aungalung isken oualung ishin dalung kwōyādānsken, Shānungetlagidas giē kingwogungē dalung tlahustāshang. Yāalung dalung kwōyādasken, Shānungetlagidas kitilung dalung isīlthasang. Il kitilung dalung isisken dalung an il aungāsang. Yāalung kil lth kingān wauḡīīu, waigen hēninga ed swaunung dalung kīāshang. Shāt ligē gu dalung isistlo Shānungetlagidas kwulth soolgūsta Jesus kouwas dalung kingasang. Ang, il aung kwulth soolgūsta il kouwang. Kin wautliwan lāgiou īching, waigen ītil wautliwan il tlaoutlaiang, altsīilth lāgiou ītil īching. Kwai amzawan adshi tligē gu il kātlāshang lth hāada wautliwan il ginkilislungēan. Ītil lāstlo, sha tligē ā ītil il istāshang Moses kwulth talung itzgēanā: ītil dāungasken, hetgwaugē ā ītil il dāngashang. Lā ā singelthkang lth gūshū; kingwoguns langa lth kwōyādo; waigen tlīstluan dalung kwōtalkāstlo, Moses isken David ishin Daniel ishin alth dalung hēninga gīīshang shāgē kingdomgē gu ā.

LESSON XII.

JOSHUA.

Tlīstluan Moses kwōtalang tlo Joshua Israel hāadē an ītlagidēalang, waigen il kwutungē kladska yūanan. Joshua Israel hāadē Jordan stāhū Israel tligē ā halistalang. Nē dāunga yūan ltha kīaiang Israel tligē gwau lth hāada wautliwan dāungaiang althlā. Lth hāada dāungasu Joshua touilung tlitiē da kwudangang, waigen kum ltha gwikāēlthāngang Shālanā Joshua touilung tatlāēdāni althlā. Shantlan swaunshung gūd Joshua lth hāada tagwia wautliwan istaiang soldiers anna: waigen hinū il shouan: kiagin soldiers gē, tliga wautliwan ai lth- istiēdo, waigen ga dāungas gē lth tlitaodzūo. Waikingān ltha waugang. Israel hāadē ga daungas gē au hāēlthtaiang. Joshua gwud ltha hāēlthtas kangang, waigen singyāstlo ga dāungas gē agung saalsēs an il ūnshitālang tlo Shālānā ā hin singelthkang il gūshouang: O Shānungetlagidas Tagwia yūans, sin stung juiē lth shā ista, waigen kum kungē sīk istaang, kaiēlthta ishin, ga dāungas gē talung tlitaodzuwē kū. Tliku Joshua shouan kingān edāni. Sin stung gūd juiē shā idjāni, waigen juiē kum kākitalthālthāngang. Kungē ishin kum hatgāaugangang, kaiēlthtas ishin. Joshua ga ītlagidas gē klālē lth'unilth wok swaunshung tlitaiang, waigen ga dāungas gē wautliwan ishin.

Ga dāungas gē wautliwan hēlouang tlo ga soldiers gē tliga wautliwan istaiang, waigen Joshua ga ltha ista odzouang. Hinū Joshua shouan: tliga lā ga Ītlagida gē wautliwan ga lth istāshang, waigen ltha touilung wautliwan dungalthan. Ga ītlagidas gē tliga lā istaiang, waigen lth hāada wautliwan kwutungē kladska yūanan. Lth hāada dāunga an ltha hāēlthta gīgang silīd churchnē yūan ltha tlaoutlaiang, waigen Israel hāadē wautliwan sing Shālānā ā killāgang. Yenkien Shālānā Joshua ītlagidēlth yūauan lth hāada wautliwan anna, waigen tuman Israel hāadē il kāngang. Tligē yenkien dāungaiang althlā kum churchnē ltha tlaoutlāngang. Tligē lāgāni althlā churchnē lā yūans ltha tlaoutlaiang. Kin wautliwan ēlthkīgang silīd Joshua bin Israel hāadē shūtaiang : churchnē ai lth istzoo, waigen sing Shālāuā ā lth killou; kingān dalung waustlo dalung hātlandē lāgelthasang, waigen kin wautliwan an ishin. Yenkien Joshua ītlagida lā yūanu idjan, waigen Israel hāadē wautliwan kwutungē lā yūanan. Tlīstluan Joshua kwōtaltalang tlo lth hāada wautliwan an il aiyangang, waigen kingwoguns klāalth ltha ga il istaiang. Hinū il shouan : Shānungetlagidas giē kingwogungē kingān dalung gundzūstlo, yenkien dalung da il tlātasang. Kingwoguns dalung tlahustastlo dalung il dāngshang, waigen tliga kalat hāadē dalung tlitāshang.

Yenkien Joshua ītlagida lā yūanu idjāni, waigen Joshua kingān talung edstlo, shā tligē gu lā alth ītil hēninga gīīshang. Wēata Shālānā kingwoguns dalung tlahustastlo, shā tligē kum dalung kingāngshang. Kum shā tligē dalung kingānstlo, dalung kwutungē sti gīīsang. Joshua Jesus Christ klingān kingān edangwau. Joshua lth hāada lā wautliwan an ītlagidēalang, waigen ga dāungas gē wautliwan il hēlōdaiang. Wēata Jesus lth hāada lā wautliwan an ītlagidāḡung waigen lth hāada dāunga wautliwan hetgwaugē ai il hēlōdāshang. Shānungetlagidas kitu il īching, altsīilth kwōtalthgas il tīaiang il kwōtalang althlā. Kwōtal stāhā houshen il kātlouang. Wēata lth hāada lā kwōtalthgias an il ītlagidāḡung. Ītil kwutungē lāsken, ītil tlū kwōtalkāstlo, houshen ītil tlū wautliwan kātlūashang shantlan otgwaustlo. Jesus kwōtal an ītlagidāḡung, altsīilth Jesus talung yetastlo ītil ishin kwōtal telgu tagwiāsang, ītil il tatlātasēsi althlā.

Tlaglu agwi hin Joshua Israel soldiers gē shūtaiang : tliga wautliwan ai lth istalo, waigen ga dāungas gē wautliwan lth tlito. Kwai amzawan Jesus hin ga angelgas gē shūtāshang: tliga wautliwan ai lth istiēdo, waigen ga dāungas gē wautliwan lth isto, waigen hetgwaugē ā ltha wautliwan lth isto. Kingwoguns langa kingān talung waustlo, giouk il isisgē ā talung isisang. Giouk il isisgē ā talung istiēdsken, yenkien ītil kwutungē tlikagūlāshang. Kasino shā tligē talung klātlidzūashang? Jesus talung yetadzing, waigen ītil kwōtalkāstlo giouk il isisgē ā ītil il istāshang. Tliku il shūsi

OLD TESTAMENT STORIES. 41

kingān talung waudzing, waigen Hānts Las ītil ga il istāshang hetgwaugē stāhā ītil il kagindiēan.

Joshua tliga lā lth hāada lā ga istaiang, waigen tliga wautliwan lā yūanan. Wēata Jesus shā tligē ītil an tlaoulthlāḡung. Tlīstluan ītil kwōtalkāstlo yenkien tliga lā ītil ga il istāshang. Tlaglu agwi Joshua hin Israel‚hāadē shūtaiang: churchnē ā lth istzoo, waigen sing Shālānā ā lth killou, kin lā wautliwan dalung ga il ista gīīs althlā. Kingwoguns kīngān lth gundzu, waigen dalung kaḡunasang. Israel hāadē kingwoguns kingān idjangang, waigen Shālānā ltha an kwutungē lā yūanan. Wēata Jesus hin ītil shūdang: churchnē ai lth istzoo, waigen dī ā lth killou: kin lā wautliwan dalung ga lth istāsi althlā. Churchnē ai lth istzoo, waigen sing dī ā lth killou, dalung hagunan dī kwōtalang althlā. Wēata Joshua kingān kwutungē unga lth edo, waigen Shālānā dalung an lāshang. Yenkien Joshua kin an kaldunga tlaoutlaiang. Sin stung gūd juiē shā idjāni, waigen kum hetga il īsāngang, waigen ga dāungas gē il tlita odzouang. Joshua kingān kwutungē unga lth edo, waigen ga dāuugas gē stāhā dalung kaḡunasang.

LESSON XIII.

ACHAN.

Tlaglu hāadē kin dāunga istaḡangang, altsīilth Shālānā hin Israel hāadē shūtaiang: kum lth kin dāunga swaunshung istaango: yenkien zanoa ai kin wautliwan ginggangan eds lth isto. Shantlan swaunshung gūd Israel hāādē tliga kalat hāadē an hāēlthtaiang, waigen kum Israel hāadē gwikāatlāngang. Kashintlou Shālānā kum Israel hāadē tatlāēdang ūdjang? Nung hāada swaunshung kōdets lā yūan kwolthtāiang: dālā klālē klālē stung ishin: waigen gold kwan yūan ishin. Tligē ai il saalāni, altsīilth kum Shānungetlagidas Israel hāadē tatlāēdāngang.

Israel hāadā wautliwan kwutungē sti yūanan, waigen Joshua Shālānā ā singelthkang gūshouang. Houītang Shānungetlagidas hin Joshua shūtaiang: kingwoguns dī na nung ītlinga tlahustaḡuni althlā, altsīilth kum dalung ta lth tlātāngshang. Yenkien nung ītlinga kōdets lā yūan kwolthtaḡun, waigen dūlā kwan yūan ishin. Kum nung kwolthtalēgas dalung tīūnstlo kum dalung ta lth tlātāngshang, waigen dalung wautliwan hēlō odzūashang. Houītang hin Joshua shouan : kīstho kōdets lā yūan kwolthtaḡun? waigen kum kwolthtalē il kīāngang. Ga ītlagidas gē wautliwan il ginkilislanḡangang, waigen kum ga ītlagidas gē kin kwolthtaangang. Joshua Israel hāadē wautliwan ginkilislanḡang, waigen kwolthtalēgas il kīaiang. Kasino il kēyaiang? Achan hinū il kēyaiang. Yenkien Achan kōdets lā yūan kwolthtaiang, waigen dālā kwan yūan ishin, waigen gold ishin. Joshua hin Achan shūtaiang: Shānungetlagidas ga lth lthwauga ā kin isis dung kwolthtaḡuni althlā. Wēata yenkien lth hansta shu, waigen kum lth kilthkadungāng. Dī ga lth shūda, kitlano kin dung kwolthtaiang īching?

Achan hin Joshua shūtaiang: yenkien dī kwutungēsti yūanḡung kin alth istaḡunūtlā. Gioung n ou ā kin isis īching, waigen wau hetgu lth saalguni. Gioung nē ā langa il kaiitang, waigen kin kwolthtaiang wautliwan langa il kīaiang Joshua. Joshua hin Achan shūtaiang: wēata yenkien dung an dī ūnshītung, dung kwolthtalē gāḡung. Awolth kum Shānungetlagidas ītil tatlāēdānḡun, kōdets lā yūan dung kwolthtaḡuni althlā. Wēata, Israel hāadē wautliwan dung tīashang, tliku Shālānā shouan kingān kum dung tlidzuāns althlā. Achan Shānungetlagidas ā singelthkang gūshouang ken hinū il shouan : yenkien kin dāunga lth kīīḡun, waigen dī dāungas althlu dī kwutungēstiḡung; altsīilth dī dāungas lth da kīskit. Yenkien dī ta lth tlāt; dī kalthshint lth kwutung : waigen dī hātlandē lth kaḡinda.

Shālānā hin Joshua shūtaiang: kum Achan ta lth tlātāngshang kingwoguns dī na il tlahustaḡuni althā. Houīt lth il tīo nung hāada dāunga il isis althlā. Houītang Israel hāadē wautliwan kwau alth lā kuntlouang. Il chā isken, il kitilung wautliwan ishin, lā ishin ltha kutkwōtalthkaiang. Achan kwōtalang silīd hinū Joshua shouan: kwau gwutgwīd lth istalthkitzouatlo, waigen hetgwīk lth il isto, il chā isken,

OLD TESTAMENT STORIES. 43

il kitilung ishin. Kwau gwutgwīd ltha istalthkitzoutlaiang, waıgen hetgwīk lā ltha istaiang, il chā ishin, il kitilung ishin, waīgen kin il daas wautliwan ishin. Wadla hinū Joshua shouan: adshi kwauē dalung kingstlo yenkien dalung kutungāshang; waigen kum tlaglu hāadē kinigē kwolthtagungāngo, waigen dalung kagunasang. Dī touilung, Achan kum Shālānā kilth kingān tlidzuāngangang, altsīilth Israel hāadē kwau alth lā kutkwōtalang. Achan kingwoguns stānshunga tlahustaiang, altsīilth Shālānā lā an kātlīyilthdaiang, waigen houītang il kwōtalang. Kingwoguns stānshunga hin shouan : kum kin ed sūtsu lth kwolthtaango. Wēata ān lth kutungātoo, waigen tliku kingwoguns shouan kingān lth wau gīīu. Achan an lth agung ūnshīto, waigen kum kin lth kwolthtagungāngo. Shālānā hangi tliga wautliwan gu iching: lth hāada wautliwan il kingung, waigen ltha kwolthtas hetgwaugē ā il istāshang. Kum kin ed hutsu kwolthtaangu. Kin ed hutsu dalung kwolthtasken, Shālānā giē kingwogungē dalung tlahustāshang. Kingwoguns langa dalung tlahustastlo dalung an il kātliyildungsang. Dalung an il kātliyildastlo hetgwaugē ā dalung isisang. Hetgwaugē gu dalung isistlo Achan dalung kingasang, waigen dalung kwutungēstiasang. Ān lth kutungātoo, waigen tlan lth kwolthtou : kwolthta leilung hetgwaugē ā isungkasēsi althlā. Kin ed hutsu dalung kwolthtasken dalung dāungedasang, waigen hetgwaulana dalung an ītlagidāshang. Wēata kwutungē unga lth kladskādo, waigen kum houshen kin lth kwolthtaāngū. Shālānā ītil lāgē da kwudungung. Kum il kil talung yetānstlo hetgwaugē gu talung sahaiga gīīsang. Laou shouan; dī kitilungu, kwutungē unga lth dī ga isto, waigen dalung lth kagindāshang. Wēata kwutungē unga lth lā ga isto, waigen dalung kagunasang. Hinū singelthkang lth gūshū : O Shālānā ītil dāungas washt lth kishū, waigen kum Hānts unga Las ītil stāhā istāng. Kingwoguns langa dalung kwōyādastlo dalung kil il kwudungsang, waigen dalung da il tlātasang. Lā lth kwōyādo: lā lth yęto: lā ā singelthkang lth gūshū, waigen Achan kin dāunga istagangang stāhā daluug kagunasang.

LESSON XIV.

GINKILISLUNG LEILUNG.

Joshua kwōtalang silīd Shānungetlagidas Israel hāadē an ginkilislung lēīlung tlaoutlaiang. Yenkien Israel hāadē an ga kutungas gē il ginkilislangēlthtaiang. Joshua kwōtalang tlo Israel hāadē wautliwan chākwudangang. Kum Shānungetlagidas ltha kwōyādāngang, altsīilth kum ltha da il tlāēdāngang. Israel hāadē kingwoguns wautliwan tlahustaiang, altsīilth tliga kalat hāadē nē lthanga istaiang. Yenkien tligē dungalthan lthanga ltha istaiang. Othniel nung ītlinga lā yūanu idjan, altsīilth Shānungetlagidas Othniel ītlagidēlthtaiang, waigen Israel hāadē wautliwan an il ītlagidēalang. Shantlan wautliwan gūd Shānungetlagidas ā singelthkang il gūshouang, altsīilth Israel hāadē an lā il ītlagidēlthtaiang.

Othniel ginkilislanglē is tlāgangang, waigen tliga kalat hāadē stāhā Israel hāadē il kagindaiang. Tada klūlē stanshung gūd Israel hāadē lāgālāni Othniel ltha ginkilislangāni althlā. Othniel kwōtalang silīd houshen Israel hāadē chākwudistlaiang, altsīilth Shālānā ltha an kūtliyilthdaiaug. Houshen tliga kalat hāadē nē lthanga istaiang, waigen tliga wautliwan lthanga ishin. Tliga kalat hāadē an ltha lthāangwil yūanan. Shantlan wautliwan gūd tada klāalth wok stanshunga tliga kalat hāadē an ltha lthāangwilgangang. Shantlan swaunshung gūd Israel ītlagida gē kwutungē unga stīlthtaiang, waigen Shālānā ā singelthkang ltha gūshouang. Hinū ltha shouan: O Shālānā ītil ta lth tlat, waigen tliga kalat hāadē stāhā lth ītil kaginda. Ltha kil il kwudangang ken houshen ltha da il tlāēdang. Ehud il ītlagidēlthtaiang, waigen Israel hāadē il kagindaiang. Yenkien Ehud ītlagida tagwia yūanan. Israel hāadē tagwias il istaiang soldiers anna, waigen ga soldiergas gē tliga wautliwan ai il kil istiedang tliga kalat hāadē lthā tlitaodzūēanā. Washt ed kouit tliga kalat hāadē Ehud ga soldiers gē an hāēlthtaiang, waigen tliga kalat hāadē lagwau klālē klālē stung wok lagwau klālē klēlth tlitaiang, waigen houshen Israel hāadē lāgālāni. Tada klālē stānshunga gūd Israel hāadē an il ītlagidēalang.

OLD TESTAMENT STORIES. 45

Sundaygē wautliwan gūd Ehud hēningaskialk churchnē ā ltha istalgangang, waigen ltha wautliwan lā yūanan.

Ehud kwōtalang silīd Shamgar Israel hāadē an ītlagidēalang. Shantlan swaunshung gūd Philistine hāadē lagwau klālth wok lagwau klēlth il tlītaiang, waigen ga dāungas gē stāhā Israel hāadē il kagindaiang.

Shamgar kwōtalang silīd houshen Israel hāadē kin dāunga istagangang, waigen Canaan hāadē nē lthanga istaiang, tligē lthanga ishin. Ginggangan Canaan hāadē an ltha lthāangwilgangang, waigen kum dālā ltha kīāngang. Yenkien Israel hāadē kuniskidēgēlang, waigen houshen Shālānā ā singelthkang ltha gūshouang, waigen houshen ltha da il tlāēdang. Shālānā Deborah nung chada isis ītlagidēlthtaiang, waigen Barak ishin. Barak nung ītlinga kēiu īching. Barak Israel hāadē istaiang soldiers anna, waigen Canaan hāadē an ltha hāēlthtaiāng, waigen Israel hāadē gwikāēlang. Israel hāadē gwikāēlang silīd hinū Deborah katzouang: Shālānā ā lth killou dalung da il tlāēdguni althlā, waigen tlan lā swaunan tagwiāgung. Shālānā ā lth killou, waigen kingwoguns langa kingān lth wau gīīu, waigen dalung da il tlāt gīīsang. Shantlan wautliwan gūd lā ā singelthkang lth gūshū, waigen ga dāungas gē stāhā dalung kagunasang. Barak isken Deborah ishin Israel hāadē ginkilislangang tada klālē stanshung gūd. Tlīstluan Barak ltha an ītlagidēlang tlo yenkien ltha lāgangang. Barak kwōtalang silīd houītang houshen Israel hāadē Shānungetlagidas dakīskitāni.

Houshen Israel hāadē isantislaiang, waigen Midian hāadē nē lthanga istaiang: tliga wautliwan dungalthan lthanga ltha istaiang. Midian hāadē mūsmūs lthanga tlitaiang ltha tūgēan: lamatoē ishin: corngē ishin ltha istaiang; waigen kin lā wautliwan ishin. Israel hāadē kum kuitan swaunshung istaangang: Midian hāadē kīntīga wautliwan lthanga kwolthtaiang althlā. Houshen Shālānā ā singelthkang ltha gūshouang, waigen nung prophetga ltha ga il istaiang. Hinū anung prophetgas shouan: tlan Shālānā swaunan ītlagidāgung, waigen lā gwi kwutungē unga dalung stīlthtastlo houshen dalung da il tlātasang. Awolth Egypt tligē stāhā dalung yāalung il kagindagāngang kingān Midian hāadē stāhā dalung il kagindāshang kingwoguns langa kingān dalung waustlo. Wēata lū lth yeto, waigen kum Midian hāadē ga lth lthwaugāngu, waigen dalung da il tlātasang. Kingānu ltha waugang, waigen nung ginkilislanglē ltha ga il istāiang. Gideon hinū il kēyaiang. Gideon nung angelgas kāngang, waigen hin lā il shūtāiang: Shālānā dung ga istatlang, waigen tlan dāha swaunan Israel hāadē an il ītlagidēlthtāsang. Ashgē timegē gūd Israel hāadē lthken hudila ltha tlaoulthgangang skātlink anna: ettitē an ishin: kintīgē an ishin: waigen ā singelthkang ltha gūshūgangang, altsīilth yenkien ltha dāunga yūanan. Hinū anung angēlgas shouan: Gideon, houītang dung yāalung kin ā singelthkang ltha gūshūs lth tlahusta. Kin ā singelthkang ltha gūshūs wautliwan dung tlahustas silīd lth hāada tagwia wautliwan ga soldiers gē an tlaoutla, wāigen Midian hāadē an lth hāēlthto.

Gideon itan innāgang, altsīilth il lthwaug yūanan. Hinū il shōuan: lamatoē hou lth istāshang, waigen kiak hou lth istāshang kunē ingwia: waigeu singaigastlo lamatoē hou tīlthstlo, waigen tliga wautliwan yhillāstlo yenkien Shālānā dī tatlātasēs lth yetāshang. Kingānu il waugang, waigen singaian tlan lamatoe hou swaunan tīlths il kāngang, waigen kunē waukwulth kous yhillaiang: altsīilth il kwutungē kladsgūlang. Houshen hinū Gideon shouan: O Shālāna, kum dī an lth kātliyildungāng, waigen houshen dung lth istakwudungsang. Adatlth singaigastlo lamatoē hou yhillāstlo, waigen kunē waukwulth kous tīlthstlo, yenkien di kwutungē kladskāshang. Houshen kingānu il waugang, waigen singaian lamatoē hou yhillāsi il kāngang, waigen kunē waukwulth kous tīlths il kāngang. Kashintlou lamatoē hou tīlthsikēn kunē wau addu isis yhillou ūdjang: waigen kashintlou kunē wautliwan tīlthsiken waigen lamatoē hou kunē inku isis yhillou ūdjang? Shānungetlagidas kinan kaldunga stung tlaoutlaiang, waigen althlu yenkien Gideon kwutungē kladskāgang.

Houītang aung unga*giē kin ā singelthkang il gūshūgang-

OLD TESTAMENT STORIES. 47

ang il tlahustaiang, waigen hin lth hāada wautliwan il shūtaiang: kin ā singelthkang dalung gūshūs tlahudjango: kwutungē unḡa lth stīlthto, waigen houshen Shālānā dalung kagindāshang Midiau hāadē stāḥā. Gideon kilth kingān lth hāada wautliwan wauḡang. Yenkien ltha dāungas althlu ltha kwutungēsti gangang, waigen houshen Shālānā ā singelthkang ltha gūshūḡangang, waigen ltha da il tlāēdang. Gideon lth hāada tagwia wautliwan istaiang soldiers anna, waigen Midian hāadē an ltha hāēlthta yūanan, waigen Midian hāadē ltha hēlōda odzouang. Gideon ginkilislanglē tāgwiou idjāni, waigen Israel hāadē wautliwan an il ītlagidēalang, altsīilth houshen Israel hāadē kwutungē lā yūanan. Tada klālē stanshung gūd Gideon Israel hāadē ginkilislunḡangang, waigen kin lā Israel hāadē an il ista kwan yūanan.

Gideon kwōtalang silīd Abimelech Israel hāadē an ītlagidēalang. Abimelech nung hāada dāunga idjan, altsiīlth tada lth'unilth swaunan ltha il ginkilislunḡangang. Shantlan swaunshung gūd Abimelech ga soldiers gē tliga kalat hāadē an hāēlthtaiang, waigen nung chada kwau kītskenan il kats lā il kutdang, waigen il kwōtalang.

Abimelech kwōtalang silīd Tola Israel hāadē an ītlagidēalang, waigen tada klālē stung wok lth'unilth gūd Israel hāadē il ginkilislunḡangang, waigen il kwōtalang.

Tola kwōtalang silīd Jair Israel hāadē an ītlagidēalang. Tada klāle stung wok stung gūd ltha il ginkilislunḡangang, waigen lā ishin kwōtalang.

Jair kwōtalang silīd houshen Israe hāadē dāungaiang. Ammon hāadē tligē lthanga kwolthtaiang, waigen yenkien ltha kuniskidēgēlang; altsīilth Shānungetlagidas ā singelthkang ltha gūshūḡangang. Ltha kil il kwudaugang, waigen Jephthah ltha an il itlagidēlthtaiang. Jephthah ga soldiers gē Ammon hāadē an hūēlthtaiang, waigen ltha gwikāēlang. Houshen an Israel hāadē kwutungē kladska ēlang, Shālānā Ammon hāadē stāhā ltha kagindaiang althlā. Tada lthūunilth gūd Jephthah Israel hāadē ginkilislangang.

Jephthah kwōtalang silīd Ibzan tada chigwau gūd Israel hāadē ginkilislunḡangang, waigen il kwōtalang.

Ibzan kwōtalang silīd Elon tada klāalth gūd Israel hāadē an ītlagidēalang, waigen il kwōtalang. Elon kwōtalang silīd Abdon ltha an ītlagidēalang tada stānshunga gūd, waigen il kwōtalang. Abdon kwōtalang silīd Samson Israel hāadē an ītlagidēalang. Nung ītlinga tagwia yūans il idjan. Philistine hāadē stāhā Israel hāadē il kagindag̃angang. Philistine hāadē ltha an daunga gīīg̃angang. Israel tligē ltha kwolthtaiang, waigen Shānungetlagidas Israel hāadē kuniskidē inēlthsa kāngang, altsīilth Samson ltha an il ginkilislanglē gēlthtaiang. Kum nung ītlinga lā kingānu edāngang. Yenkien lth hāada wautliwan telgu il tagwiāg̃ang. Shantlan swaunshung gūd tlan Samson swaunan Philistine hāadē lagwau klālē klēlth tlitaiang kuitan sâhai alth, altsīilth Philistine hāadē lā an kātliyilthdaiang. Singyā swaunshung nai ā unga il katas lā ltha kāngang, waigen kwai kladska yūan alth il yhē lā ltha ḵīouang, waigen il kwollo ishin. Il yhē lā ltha ḵīouang silīd waigen il kwollo ishin lā ltha ḵīouang silīd il kīitlāg̃ang. Houītang il kātlouang ken adshi kwai kladska yūan il yhitadang, waigen lthtamit kingānu lā an edāni. Philistine hāadē an il kātliyilthdaiang, waigen ltha il tlita kwanan. Houshen Philistine ītlagida gē wautliwan Samson tīiē da kwudangang. Kin alth il tagwias langa kīiē da ltha kwudangang, waigen kin alth il tagwiasa kum langa ltha kīiangang.

Philistine hāadē kutungā yūanan, waigen nung chada dāunga lā ga ltha istaiang, waigen lā il ināēlang. Yenkien nung chada dāung yūan il kīaiang, kum tlāl unga il kwōyādāngāni althlā. Philistine hāadē houītang langa an ūnshitāni kum tlāl unga il kwōyādāngang, altsīilth ga ītlagida gē klēlth hin il chā shūtāiang: dung tlāl tlītzan kin alth tagwiasa hansta lth shu, waigen dālā thousand ga klēlth dung ga talung wautliwan istāshang. Samson chā hin shouan: lūg̃ung; houītang tlītzan kin alth il tagwias an dī ūnshitasang.

Singyāstlo Samson chā sahailth yūang̃angang, waigen Samson kwutuugēsti yūanan il chā sahailth yūanāni althlā.

Hin lā il shūtaiang: kashintlou dung sahailth yūangung: kashintlou dī an dung kātliyildungung: kashintlou kum dī dung kwōyādāngung? Hinū il chā shouan: dahou dī an kātliyildungung, altsīilth dī kwutungēstigung, waigen althlu lth sahailthagungung. Kum dī dung kwōyādāngung: dī dung kwōyādastlo kin alth dung tagwias dī ga dung shūda tlingāgung. Kin alth dung tagwias dī ga lth shūda, waigen dī dung kwōyādas an dī ūnshitalthasang.

Samson kum kwutungē kladskaangang, waigen chā unga hin hangang il shūtaiang: tlītzan kin alth dī tagwias dung lth shūtāshang. Kum awolth dī kats ltha zitdungāngun: wēata dī kats dalung zitdungstlo houītang ginggangan dī ēlthasang. Singyāstlo il kataiang, waigen il chā Philistine hāadē ā hanstashūāgang. Hinū il shouan: wēata tlītzan dī tlal tagwias an dī ūnshītung. Dālā thousandga klālē stung wok klēlth dī ga lth isto, waigen dalung ga lth shūtāshang. Houītang Philistine hāadē dālā lāga ista odzouang; waigen hinū il shouan: il kats lā lth zitdango, waigen ginggangan il ēlthasang. Il kats lā dalung zitdangsken il hāgulthasang. Houītang Philistine hāadē il kats washt lā zitdangāng; waigen īl chā hin shouan: Samson, kātlūltha; yenkien adshi nē Philistine hāadē alth stāougāgung. Houītāng il kātlouang, waigen Philistine hāadē kiak istie da il kwundangang; waigen kum il tagwiēlthāngang. Il kats washt lā ltha zitdangs an il ūnshitālang il hāagas althlā. Yenkien wēata ginggangan il ēlang il kats washt langa ltha zitdangāni althlā.

Houītang Philistine hāadē kētsit nai ā lā ltha istaiang. Yātz kunganda kīna yūan alth il hangi lā ltha gisgālang, waigen il hangi langa hulkatūgaiang. Itan Philistine hāadē kwutungē lā yūanan lā ltha istaiāni althlā. Shantlan swaunshung gūd Philistine hāadē nāng yūanan, waigen ltha yēlth yūangangang. Sintajā kiak ltha nāngāni; waigen singya nē ti swaunshung ā Philistine ītlagida gē thousand lth'unilth idjan. Shānungetlagidas an ltha kā yūanan, waigen Samson an ishin. Hin ltha shouan: kum Shānungetlagidas kāng gaangung ltha shūgangang. Yenkien Samson kwutungē kil

HAIDA. E

OLD TESTAMENT STORIES.

sti yūanan, waigen hin Shālānā ā singelthkang il gūshouang; O Shālānā, houshen tagwia dī ga lth ista: dī kalthshint lth kwutung, waigen houshen dī ta lth tlāt, waigen shā dung isis houītang Philistine hāadē lth skadadāshang. Shālānā il kil kwudangang, waigen houshen tagwia lā ga il istaiang. Houītang Samson kāgwālang, waigen adshi nē hetgwik il katzaiang: waigen nē hetsi kwu stung washt il dunghastaiang; waigen yenkien nē hunzaiāni. Nē hunzaiang tlo Philistine hāadē thousandga lth'unilth il tlitaiang; altsīilth Samson gwikāēlāni. Samson ishin kwōtalang nē hunzaiang tlo. Israel hāadē kin lā kīaiang tlo houītang Shālānā da ltha kīskitangang: waigen houītang kin wautliwan lthanga tliga kalat bāadē istagangang. Kin dāunga ltha kīaiang tlo houshen Shūlānā ā singelthkang ltha gūshūgangang, waigen houshen ltha da il tlāēdang. Houshen an kin lā ltha istaiang tlo houshen Shālānā kēyi da ltha kīskitangang: altsīilth wēata Shālānā hāgālānī, waigen yenkien ltha il dāngang. Wēata Israel hāadē wautliwan kuniskidē inēlgung, waigen tliga kalat hāadē ltha an kātliyildungung, kum Shālānā giē kingwogungē kingāu ltha edāngangāni althlā. Dī touilung, kin lā lth isto: waigen kin dāunga isis stigan lth isto. Kum houītang kin dāunga dalung istas hansta dalung shūānstlo Israel hāadē il dāngangang kingān dalung ishin il dāngashang. Ān lth kutungātoo, waigen shantlan wautliwan gūd tliku Bible dalung shūtas kīngān lth gundzu, waigen daluug kagunasang. Tada klālē stung gūd Samson Israel hāadē an ītlagidēalang, waigen il kwōtalāng.

LESSON XV.

SAMUEL.

SAMSON kwōtalang silīd Eli Israel hāadē an ītlagidēalang; waigen nung ītlinga lā yūan il idjan. Nung laplētgou il idjāni, waigen lsrael hāadē il ginkilislangangaug. Israel hāadē wautliwan annu kin skadadāleu il ēlang. Eli kitilung stangaùg, waigen ltha stungan dāungaiang. Eli Israel

OLD TESTAMENT STORIES. 51

hāadē an ītlagidastlo Samuel tlakaiang, waigen il ou Eli ga lā il istaiang. Shantlan wautlīwan gūd Eli tuman Samuel kāngang, altsīilth nung ītlinga kutungas an il inastlaiang. Samuel tada klāalth wok chigwaustlo Shānungetlagidas lā an aiyangang : waigen hinū il shouan, Samuel. Houītang il kātlouang ken Eli ā il addang, Eli kin ga istatlie an il ūnshitē da il kwudangāni althlā. Samuel hin Eli shūtaiang : adlun lth īching dī an dung aiyingun althla. Eli hangtlan shouan : kum dung an lth aiyingāngun; houshen lth stīlth, wāigen lth katti. Houshen Samuel kattaiang, waigen houshen Shālānā lā an aiyangang. Houshen Eli ā il kaiitang, waigen hin lā īl shūtaiang : Eli, adlun lth īching, yenkien dī an dung aiyingun, altsīilth wēata kin ga dung istatlas dī ga lth shūda. Hinū Eli shouan : Samuel, kum dung an dī aiyingāngun, altsīilth houshen lth katti; kum dung ga dī istatlānsi althlā. Houshen Samuel kāttaiang : waigen houshen Shālānā lā an aiyangang : waigen houshen Eli ā il kaiitang.

Wadlu Shālānā Samuel an aiyings Eli anūnshitālang, waigen hīn lā il shūtaiang: tlīstluan houshen dung an il aiyingstlo hin lth shu : kin an lth shu Shālānā, dung kitzada dung kil kwudungung. Samuel hin kwudungstlo, Eli lā an aiyangang il kwudangang. Houshen Samuel kattaiang, waigen houshen Shālānā lā an aiyangang, waigen houītāng Samuel hin shouan : kin an lth shu Shālānā, dung kil lth kwudungung. Shālānā hangtlan hin shouan : Eli kitilung stung dāungas althlā, Eli isken il kitilung ishin lth tlitāshang : waigen Israel hāadē wautliwan an dung lth ītlagidēlthtāsang.

Houītang houshen Philistine hāadē Israel hāadē an hāēlthtaiang, waigen Eli kitilung stung ltha tlitaiang. Tlīstlan Eli giatlingē anūnshitālang tlo shā agwi il kouwaiang : waigen il kwutungēsti yūanāni althlā houitang kwōtalguns kingānu il ēlang. Kwōtalguns kingānu il ēlthstlo hank il tlitiēdang, waigen hank il attawaiang. Il hēl ishin attawaiang, waigeu houītang il kwōtalang. Tliku Shālānā Samuel shūtaiang kingānu Eli isken il kitilung stung ishin waugang. Eli tada klālē stanshung gūd Israel hāadē an ītlagidēalang. Yenkien Samuel nung ītlinga kutungāgang, waigen kin lā Israel hāade il skadada kwanan. Houshen Philistine hāadē nē lthanga kwolthtāiang, waigen kin wautliwan lthanga ishin: waigen houshen Israel hāadē kuniskidēgēlang. Israel hāadē hagunan Samuel Shānungetlagidas ā singelthkang gūshouang, waigen houshen Philistinē hāadē stāhā ltha il kagindaiang. Samuel Israel hāadē an ītlagidēalang, waigen ltha kwutungē il tlatagwiēlang. Philistine hāadē ltha ga lthwaug yūanan, waigen Samuel ītlagidastlo kum houshen Israel hāadē an hāēlthtiē da ltha kwudāngang. Shantlan wautliwan Samuel hēningaskialk kin las ltha il skadadaiang, waigen ltha wautliwan kwutungē kladska yūanan. Yenkiēn Samuel laplēt lā yūanu idjan, altsīilth tada klālē stanshung gūd Israel hāadē an il ītlagidēalang.

Samuel kīāyēlang tlo Israel hāadē an kitilung stung il ītlagidēlthtaiang. Il kitilung stung dāungaiang, altsīilth Israel hāadē kwutungēsti odzouang. Kum yenkien Israel hāadē il ginkilislāngwāgangang, altsīilth Israel hāadē nung king gas istiē da kwudangang. Israel bāadē counsel gāgang, waigen hin Samuel ltha shūtaiang: nung king gas ītil ga lth ista, waigen tliga kalat hāadē kingānu ītil edasang. Tliga kalat hāadē ga king gas gē istagangang, waigen ltha kingānu Israel hāadē waugē da kwudangang. Nung king gas ga ltha istatlaiang Samuel kitilung stung kum yenkien lth hāada ginkilislāngangāni althlā. Tlīstluan tliga kalat hāadē ītil an hāēlthtiē da kwudungstlo, anung king gas ītil an ītlagidāshang, waigen ītil gwikāēlthasang. King ītil an lth tlaoutla; waigen yenkien ītil il ginkilislungshang, waigen tliga kalat hāadē an talung hāēlthtiē da kwudungstlo ītil kwunast il kāashang, waigen ītil kwutungē kladskāshang hin ltha shūgangang.

Samuel kwudangang tlo il kwutungēsti yūanan. Hinū il shouan: nung king gas dalung an lth istasken dalung kitilung il istāshang soldiers anna: waigen halthānounwē soldiers anna: waigen dalung tītch lāgiē halthānounwē kwunast il kil istalashang. Yenkien ltha itan innas halthānounwē kwunast langa il kil istalashang, waigen dalung wautliwan kuniskidē inēlthasang. Dalung touilung hāēlthta sitzē an il istāshang; waigen dalung gwudjanalung ishin shibili lā an tlaoutlāshang: waigen tou wautliwan lā an ltha tlinalingasang. Dalung wautliwan il kitzadalung isīlthasang. Dalung giou kwulthkadazi dungalthan il istāshang, waigen kitzadalung ga il istāshang. Dalung giou tougānē ishin ga captaingas gē unga il istāshang. Dalung kitzadalung ītlansidas lā an il kil lthāangwilāshang, waigen houītang dalung wautliwan kuniskidē inēlthasang. Kin wautliwan an lth kwudungo: wēata ān lth kutungātoo: waigen tlan Shālānā swaunan dalung an King gāshang.

Israel hāadē kum il kil kwudāngangang, altsīilth Samuel hin Shālānā shūtaiang: O Shālānā, wēata Israel hāade nung king gas ga istatlang, altsīilth dī kwutungēstigung. Hinū Shālānā shouan: nung king gas ltha an lth tlaoutla, waigen tliga kalat kāadē kingān ltha edasang. Samuel hin Israel hāadē shūtaiang: wēata Israel hāadē, nung king gas dalung an lth tlaoutlāshang, waigen tliga kalat hāadē kingānu dalung ēlthasang.

Shālānā Joshua Israel hāadē an ītlagidēlthtaiang: waigen ginkilislanglēilung tada lagwau klālē stung gūd ltha ga il istaiang. Tada lagwau klālē stung hēlouang tlo Samuel ltha an ītlagidēalang. Samuel kīāyēlang tlo nung king gas ga ltha istatlaiang, waigen Saul ltha an il king gaēlthtaiang.

LESSON XVI.

SAUL.

KISH kitilung kwan yūanan, waigen il kitilung wautliwan telgu Saul kutungāgang. Ltha itan innas wautliwan telgu il lāgang. Kum Israel hāadē swaunshung lā kingānu edāngang, waigen il tagwia yūanan. Shantlan swaunshung gūd Kish kuitan unga gūdaiang, waigen hinū il shouan: Saul, singaigastlo kātlūltha, waigen kitzadalung swaun lth ista, waigen kuitanē dī na lth dīingo. Houītang tliku il aung shouan kingānu il waugang il kutungāgang althlā. Tliga jinga ā la da il dīingāgang, waigen il agung tahāgālang. Il kwutungēsti yūanan kum kuitanē il kīangāni althlā. Tlīstluan il agung tahāgālang tlo hinū il shouan: tligē unga gwi talung stīlthzing dī hāagulth yūansi althlā. Hinū il kitzadalung swaun shouan: kāhano; Shānungetlagidas nung ītlinga isis ā talung gundalzing, waigen giouk kuitanē isisgē ītil ga il shūtāshang. Saul hin hangtlan shouan; lāgung nung Prophetgas ā talung gundalzing, waigen ītil kutungāsang. Waigen nung Prophetgas ā il gundalouang.

Altsgēst ed kouit Shānungetlagidas hin Samuel shūtaiang: adātlth nung itan innas lā yūan dung kingasang, waigen Israel hāadē an nung king gas il lth tlaoutla. Tlīstluan Samuel Saul kūngang tlo houshen Shānungetlāgidas hin shouan: anung itlingasu lāgung, altsīilth nung king gaan lth il tlaoutla. Lā lth ista, waigen Israel hāadē wautliwan an lā lth king gaēlthta. Samuel kingān waugang. Hinū lā il shūtaiang: Saul, dī kwunast lth kā, aiata dī alth dung tāashang. Saul lthwaug yūanan laou itan innāgang althlā. Houshen hinū Samuel shouan: kum lth lthwaugāng, waigen wēata dī kwunast lth kā, waigen dī alth dung tāashang. Saul kingān waugang. Houshen Samuel hin il shūtaiang: Saul, kwutungē unga lth kladskāda, wēata Israel hāadē wautliwan hangi dung inku īching, waigen ltha an dung lth ītlagidēlthtāshāng. Adātlth tligē unga gwi dung stīlthasang, altsīilth kum kuitanē alth aiyuāng ginggangan edsi althlā.

Wēata dung lth king gaēlthtāsang Israel hāadē wautliwan anna. Saul kwutungē lthwaug yūanan, waigen hinū il shouan: Benjamin hāadasu dī īching: Benjamin hāadē kum kwanangung: waigen dī aung isbin kuniskidēḡāgung. Yenkien ītlagida gē langa hēlōgun, altsīilth kum Israel hāadē an dī lth king gādāng. Hangtlan hinū Samuel shouan: kumu alth dī aiyuāngung: Shālānā dung tatlātasang, waigen dung ītlagida yūansang: Lthdou gwi il gundiētlouang, waigen Israel hāadē wautliwan il kāngang. Samuel kalka istaiang tou ā langa idjāni, waigen itan Saul kats inku tou il

OLD TESTAMENT STORIES.

giastlaiang; waigēn lā il skwuntlaiang. Hinū Samuel shouan: Saul wēata dalung an lth ītlagidēlthtagun, waigen dalung an il king gāsang, waigen ga dāungas gē stāhā dalung īl kagindāshang. Israel hāadē, lā lth kingo: wēata dalung an il ītlagidāgung, waigen tliga kalat hāadē kingānu dalung ēdung.

Israel hāadē tliku Samuel shouan kwudangang tlo, Saul an ltha kwutūngē lā yūangangang. Yenkien ltha kwutungē kladska ēlang, waigen hin ltha shouan: King gas lth ītil unga kaginda, O Shālānā; ītil an nung King gas lth kaginda. Saul Israel hāadē an King gatlāgangang, waigen ītil an nung Queengas hangast il edāni. Houshen hinū Samuel shouan: Saul, wēata Israel hāadē an dung King gāgung. Tliga kalat hāadē an hāēlthtiē da dung kwudungstlo dī kū lth eda, waigen dalung hagunan Shānungetlagidas ā singelthkāng lth gūshūasang. Dī kū lth eda, waigen dalung an lth kātlā gīīshang. Tlīstluan dalung hāēlthtastlo dī ga lth shūda, waigen dalung ta lth tlātasang, waigen dalung kwutungē kladskāshang.

Shantlan wautliwan gūd Philistine hāadē Israel hāadē an bāēlthtaiang, waigen kum Israel hāadē gwikāātlāngang, altsīilth Saul kwutungē lthwaug yūanan. Shantlan chigwau Samuel kū il edang, waigen Samuel kum kātlāangang. Kum shantlan stānshunga gūd Samuel kū il edāngang; waigen Saul Israel hāade kagindiē Shālānā ā singelthkang gūshouang. Tliku laplēt waus kingānu il waugang. Tliku laplēt singelthkang gūshūs kingānu il shouan, altsīilth Shālānā lā an kātliyilthdaiang. Tlīstluan Saul singelthkang gūshūwē tlanēlthtalstlo Samuel lā an kūtlāgang. Hinū Samuel shouan: gūshu dung istang? Yenkien wēata dī ga lth shūda. Saul hangtlan hin shouan: shantlau chigwau dung kū talung edagun, waigen wadla Shālānā a singelthkang talung gūshouang ītil da il tlātgēanā. Samuel hin Saul shūtaiang: yenkien dung kōnung yūangung, Shānungetlagidas giē kingwogungē dung tlahustagun althlā. Kum dī kū dung edānsi althlā, waigen tliku Shānungetlagidas dung shūtas kingān kum dung wauanguni althlā, houītang Israel hāade wautliwan an kum dung ītlagidāngshang, waigen houītang dung kuniskidē gēlthasang.

Houītang Israel hāade kuniskidē gēlang kum tliku Shālānā shouan kingān ltha wauangāni althlā. Saul iskin soldiergas gē klālē klālē lthūunilth swaunan yekīu il istaiang, altsīilth tliga kalat hāade ga il lthwaug yūanan, kum il tagwiāngāni althlā. Houshen Samuel Saul kāngang, waigen hinū il shouan : Shālānā hin dī shūdaḡun, Saul Israel hāadē an lth King gaēlthta ; waigen ltha an dung lth King gaēlthtaḡun. Awolth agwi Amalek hāadē dalung tlitiē da kwudangang. Wēata ltha telgu dalung tagwiūḡung, altsīilth Amalek tligē ā lth istiēdo, waigen Amalek hāadē lth tlitaodzūo. Āng, lth hāada wautliwan isken, lth chāada wautliwan ishin, lth hāhudila wautliwan ishin, mūsmūsgē ishin, lamatoē ishin, camelgē ishin, kuitanē ishin lth tlitāodzūo. Kum lth hāada swaunshung lth kagindānga : ltha wautliwan tlitaodzūo.

Houītang Amalek tligē ā soldiers unga il kil istiēdang, waigen Amalek hāadē ltha tlitaodzouang. Tlan Agag swaunan ltha kaḡindaiang. Kīstho Agag idjan ? Agag Amalek hāadē an ītlagidēalang ; altsīilth tlan lā swaunan ltha kaḡindaiang. Saul ga soldiers gē kum lamatoē lā yūan tlitāngang, waigen mūsmūs lā yūan ishin. Kin las wautliwan ltha kaḡindaiang, altsīilth tliku Shālānā shouan kingān kum ltha gundzuāngang. Kin dāunga wautliwan ltha hēlōdaiang ; waigen kintīga lā wautliwan ltha kaḡindaiang.

Houshen Shānungetlagidas hin Samuel shūtaiang : wēata dī kwutungēstigung Saul Israel hāadē an lth ītlagidēlthtaḡuni althlā. Singaian Saul Samuel an kātlāgang ken hinū il shouan : Samuel, yenkien dung kwutungē lā yūanḡung, waigen Shānungetlagidas toui dung īching. Wēata kin wautliwan dī ga dung shūdaḡun kingān lth waugun : waigen Shālānā an dī kwutungē lāgung. Hangtlan hin Samuel shouan : kashintlou wēata lamatoē kil lth kwudunḡung : waigen mūsmūs kil ishin ? Waigen Saul hin hangtlan shouani : kiagin soldiers gē Amalek tligē stāhā althkwīk ltha istaiang, waigen wēata Shālānā ga talung istāshang. Houshen

OLD TESTAMENT STORIES. 57

hinū Samuel shouan: kum lth kaiitāng; waigen aiat halgwau tliku Shālānā dī ga shūdagun lth kwudunga. Awolth kum dung ītlagidāngun tlo Shālānā Israel hāadē wautliwan an dung King gaēlthtagun. Itan kingān hin dung il shūdagun: Saul, Amalek tligē ā lth kaiit; waigen Amalek hāadē wautliwan lth tlita: waigen kum lth hāada swaunshung kagindānga. Kashintlou kum Amalek hāadē wautliwan dung tlitāng ūdjang? Yenkien dung dāung yūangung il kil langa dung tlahustaguni althlā. Hangtlan Saul hin shouan: tliku dī dung shūtas kingān lth waugun; waigen Amalek hāadē wautliwan lth tlitaodzūgun. Kiagin soldiers gē lamatoē istaiang, waigen mūsmūs gē ishin. Kin las wautliwan wēata Shālānā ga talung istāshang. Samuel hin shouan: Shālānā kum mūsmūs dānga ga istatlāngung, mūsmūs wautliwan lāgiou isis althlā. Shālānā kum lamatoē dānga ga istatlāngung, kintīga wautliwan lāgiou isis althlā. Shālānā kum dung an kwutungē lāngung kum il kil lā dung kwudungans althlā: altsīilth dung ītlagida gē tlan il ēlthtagun. Shānungetlagidas kingwoguns kintīga telgu kwōyāgung: waigen kintīga dung kagindaguni althlā dung ītlagida gē tlan il ēlthtagun. Saul hin Samuel shūtaiang: dī an lth wēata kwutungē unga lāda, dī dāungas althlā. Tliku dī ga dung shūtas kingān kum lth wauangūni lth hāada ga dī lthwaug yūangūni althlā. Dī kalthshint lth kwutung O Shālānā: dī kalthshint lth kwutung O Samuel, waigen giang nē ā lth dī alth kaiit; waigen houītang singelthkang lth gūshñasang Shālānā ā. Hinū Samuel shouan: kum dung alth lth kaiitāngshang: waigen kum dung an dī kwutungē lāngshang: Shālānā giē kingwogungē dung tlahustaguni althlā. Samuel tligē unga gwi kaiitālang tlo Saul kātliyilthdaiang. Kōdets chakōna langa il gidsgildaiang ken langa il dungūlthgwaiang. Houītang Samuel lā gwi hangouang ken hinū il shouan: kōdets dī na dung dungūlthgwasi kingān Shānungetlagidas Israel hāadē dung stāhā istagun. Houītang nung ītlinga kalat Israel hāadē an il ītlagidēlthtāsang il kil dung tlahustaguni althlā. Wēata dung telgu nung ītlinga las Shālānā istangwau il King gāēanā. Dī kil lth kwudung, waigen Agag althgwi dī ā lth ista. Waigen Agag kātlāgang. Houītang Samuel Agag tīaiang sitzē alth. Samuel sitzō istaiang ken Agag lthwaugas tista il glīdista yūanan. Houītang Agag il sahaskidāni, waigen il kwōtalang. Wadlu Samuel tligē unga gwi stēlang: waigen Saul nē gwi unga stēlang. Kum houshen Samuel il kingāngang il kwutungē dāunga yūanāni althlā.

LESSON XVII.

DAVID.

JESSE kitilung stanshungāgang, waigen David tuana agwīgang. Il kitilung lth'unilth ga soldiers gē an Captain gāgang: waigen tlan David swaunan lamatoē kētsitang. Israel hāadē wautliwan an Saul king gaēlang, altsīilth Jesse an il ītlagidāgang. Shantlan swaunshung gūd Shālānā hin Samuēl shūtaiang: tlan lth kwutungē unga stita: Saul yenkien dānngang, altsīilth wēata nung hāada kalat Israel bāadē an lth King gaēlthtāsang. Kin nīsanga ā tou lth unga ista, waigen Bethlehem tligē ā lth kaiit. Jesse giē nē ā lth kā, waigen il kit tuan agwi lth king gaēlthta. Samuel hin shouan: yenkien Saul ga dī lthwaug yūangung. Bethlehem tligē ā lth kaiits an il ūnshitalstlo dī il tīashang. Shālānā hin il shūtaiang: wēata Jesse giē nai ā lth kaiit, waigen tuman dung lth kingasang. Waikingān il waugang.

Jesse lā an kwutungē lā yūanan: waigen Shālānā hin Samuel shūtaiang: Jesse alth churchnō ā lth kā, waigen tliku kin dung istāsēs dung lth shūtāshang. Tliku Shālānā il shūtaiang kingānu il waugang; waigen Shālānā hin shouan: Jesse kit tuanas lth ista, waigen Israel hāadē an lā lth king gaēlthta. Houītang Samuel hin Jesse shūtaiang: kitilung wautliwan althgwi dī ā lth ista ltha kāngē da dī kwudungung, waigen Israel hāadē an dung kit swaunshung lth ītlagidēlthtāsang. Jesse kitilung chigwau Samuel hangku istaiang. Shālānā kum il kitilung chigwau ga istatlāngang; waigen hinū il shouan: lth hāada kin kingungs kingān kum Shālānā

OLD TESTAMENT STORIES.

kin kingāngung: lth hāada nung ītlinga hangi swaunan kin gung; Shālānā tlou il kwutungē kingung.

Houītang Samuel hin Jesse shūtaiang: dung kitilung wautliwan ādlun gu is us? Waigen Jesse hin hangtlan shouan: kāhano: wēata nung swaunshung lamatoē kētsitang, waigen il tuana agwīgung. Hinū Samuel shouan: lā ga lth shūda althgwi dī ā il kālth. Houītang Jesse David kīaiang, waigen hin lā il shūtaiang: houīt, dī alth is Samuel dung ga istatlas althlā. Waigen houītang lā an il kātlāgang. Lā an il kātlāgang tlo hinū Shālānā shouan: Samuel giatla, waigen il kats inku tou lth ista kin nīsanga stāhū; waigen Israel hāadē an lā lth ītlagidēlthtāsang. Samuel David kats inku tou glastlaiang, waigen lā il king gaēlthtaiang. Yenkien David hangi s'hetalthta yūanan; waigen il kwutungē lāgang. Saul kwutungē dāungaiang, altsīilth Shālānā Saul dāngang: waigen houītang hānts las Saul stāhā kaiitang ken David inku isiēlang.

Houītang hānts dāunga Saul inku isiēlang, waigen il kōnungālang. Il kōnungālang tlo hinū il shouan: stlakinganu lēgas dī ā lth isto; waigen kīsītlu dī kōnungālang tlo tlīstluan stlakinganu lth kwudungsken houītang dī kutungēlthasang. Houītang il kitzadalung swaun hin shouan: nung stlakingans lā yūan an dī ūnshītung. David hinū il kēyang, waigen Jesse kitu il īching. Yenkien il kutungā yūangung; waigen tlistluan dung kōnungālastlo dung il tlanūngīstlāsang. Saul Jesse giē nai ā ga soldiers gē kil istiēdang, waigen nung soldiergas hin shouan: Jesse kitlano dung kit tuanas īching? Hangtlan hin Jesse shouan: gūsh annu lū ga dalung istatlang? Hinū anung soldiergas shouan: Saul David ga istatlang. Tlīstluan il kōnungālastlo David lā hangku stlakinganē da il kwudungung houītang il kutungā ilēanā. Jesse shibili gē istaiang, winegē ishin, kimptiē ishin; waigen ā kin isis wautliwan Saul ga il hanshūtaiang lā an il kwutungē lāgāni althlā. David ishin Saul an kātlāgang, waigen Saul lā an kwutungē lā yūanan; waigen lā il captain gādaiang. Tlīstluan Saul kōnungālung tlo David stlakinganang, waigen houītang hānts dāunga stāhā lā il kagindagangang.

Saul Israel hāadē an ītlagidēalang tlo Philistine hāadē ltha an hāēlthtiē da kwudung gīīgangang. Shantlanē kwan gūd Philistine hāadē lthdou inku shā idjāni; waigen Israel hāadē ishin adshgūst wauhantlā lthdou inku idjan. Shantlanē klālē stanshung nung ītlinga tagwias Philistine hāadē stāhā hetga il kāsken itan Israel hāadē ā il kaīītang: waigen gwudglu saouglu il giāḡangang, waigen Israel hāadē ā ginggangan il gūshūḡangang. Hinū il shouan: Israel hāade, kashintlou althgwīk dalung īchinḡung? Kashintlou Philistine hāadē an hāēlthtiē da dalung kwudunḡung Philistine hāadē shū hāēlthtalē yūan dī īching. Saul, nung ītlinga tlakōna dī ga lth ista lā lth gwudan hāēlthtiēanā. Lā lth tīasken, Philistine hāadē kitzadalung dalung isīlthasang: dī il tīastlo, dalung kitzadalung Philistine hāadē isīlthasang. Kasino anung ītlinga tagwias kēyaiang? Goliath hinū il kēyāḡang. Tatalthtā klāalth wok swaunshung il zūwē jangang, waigen il tagwia yūanan. Nukanadz tatjingē ā il kwudajang: sitze lā kin yūansi lā il istaiang, waigen yātz kōdets ishin ā il sitijang. Kin kladska kwan yūan ishin il istaiang. Yenkien Israel hāadē wautliwan an nung hāēlthtas ga lthwaug yūanan.

David kwaialung lth'unilth ga soldiers gē an Captain gāgang. Shantlan swaunshung gūd il aung hin shouan: David, shibili lth ista, corngē ishin, cheese gē ishin, waigen kwaialung ā lth gīāla, tliku dung kwaialung edgē dung kānḡēanā. Singaian David kātlouang, waigen il kwaialung il kingātlaiang. Goliath hetga il king kāālang, waigen Israel hāadē wautliwan lā ga lthwaug yūanan, waigen houītang agung ltha saalāni. Houītang hinū David shouan: kum lā ga dī lthwaugaanḡung lā an hāēlthtīē da dī kwudungs althlā. Gūshū Saul dī ga istāshang anung hāēlthtas lth tīastlo. Israel hāadē hin shouan: Goliath dung tīasken Saul kin kwōyā yūan dung ga ista kwanasang: il gwudjan ishin: waigen dung il ītlagidēlthtāsang. Tliku David shouan houītang il kwaialung anūnshitālang. Lā an il kātliyildungouang, waigen hin lā il shūtaouang: kashintlou ūdlun dung isūdjang? yenkien dung kwutungā shā ēdung,

OLD TESTAMENT STORIES. 61

altsīilth Philistine hāadē an talung hāēlthtiē dung kāngēan ādlun dung kātlāgun. Wēata tligē unga gwi lth stīlth, waigen lamatoē unga lth kētsit, kum dung ga ītil istatlāns althlā. Hinū David shouan: gūshū wēata lth istagun: wēata dalung ā shibili lth gīālāgun, wagien dalung an dī kwutungē lāgung: altsīilth kum tliku sīlthkang lth stel tlingē kāng gaangung. Tliku David shouan Saul anūnshitālang tlo lā gwi il takingwogangang. Houītang David Saul ā kaiitang, waigen hin lā il shūtaiang; kum Israel hāadē anung ītlinga tlakōnas ga lthwaugatlāngu. Tlaou lā an hāēlthtāsang, waigen lā lth tīashang. Hinū Saul shouan: kumu dung tagwiāngung waikenan lā an dung hāēlthtāsinsa. Nung itan innou dung īching, waigen anung ītlinga yenkien hāēlthtālē tagwiāgung. David hin shouan: dī ītlagīda, shantlan swaunshung gūd aung unga giē lamatoē lth kētsitan, waigen lion lamatoē swaunshung glāadzaguni: lā tlā lth duaidun tlo il helthli stāhā lamatoē lth dungtlilthaguni. Shantlan kalat gūd hōtz lamatoē swaunshung glāadzaguni, waigen lā tlā ishin lth duaidun tlo il helthli stāhā lamatoē lth dungtlilthaguni. Lion dī tīie da kwudangang tlo lā lth tīigun, waigen hōtz an ishin: altsīilth kum anung ītlinga tagwias ga dī lthwaugaangung. Lion kingānu il edstlo houītang lā lth tīashang, waigen houītang lion kwōtalguns kingānu il ēlthasang.

Saul hin shouan: kaiitla, waigen Shālānā dung alth stungashang. Saul yātz kōdets David ga istaiang: nukanadz tatjingē ishin: sitzē lā yūan ishin: waigen kin kladska kwan yūan ishin lā ga il istaiang. Yenkien David yātz ītlinga kingānu edang. Houītang David hin shouan: kum ā kin isis ga dī istatlāngung; waigen il dāngodzouang. David taskgē unga istaiang, waigen kwau lā ki klēlth hānlth stāhā il istaiang, waigen gwaulē ai unga il istaiang. Shūwangu lā yūan unga il istaiang. Philistine hāadē adshi lthdou inku idjan ken Israel hāadē lthdou ingūst inku idjāni. Houītang shā stāhā David lā ā kaiitang tlītzan anung ītlinga tagwias gīansā. Yenkien anung ītlinga dāunga David an kātliyilthdaiang ken hinū il shouan: dung kwudungstlo hā gu dī is hin dung kwudung us? ginggangan kin ed dung alth dī ā dung kāsā. Dī ā lth kā, waigen dung tlū hinawē ettitē ga lth istāshang, waigen dung tlū hinawē kalat kintīga dāunga ga lth istāshang. Yenkien dung lth hēlōdāshang. David hin hangtlan shouan: kum dung ga dī lthwaugaanḡung. Wēata yatz kōdetsi ā dung sitīching: nukanadz tatjingē ā dung gwudīching: sitzē kladska yūan dung tligunḡung, waigen kin kladska kwan yūan ishin. Kum dung ga dī lthwaugaanḡung: Shālānā kēyi dungalth dungā lth kāḡung, waigen Israel hāadē an il ītlagidāḡung. Adshi shantlanē Shālānā dī stlē kātli ā dung istāshang, waigen dung lth tīashang: dung hēl ishin washt lth skikātāsang. Houītang dung tlū kintīga ga lth istāshang, waigen tlan Shālānā swaunan tagwias an ltha wautliwan ūnshitalthasang. Yenkien anung ītlinga tagwias Shālānā ā gūshou dāunga yūanan; waigen sitzē yūan unga il istaiang ken yenkien hin il wadal yūanan. Houītang David gwaule stāhā kwau unga istaiang ken shūwangwē inku kwau unga il istaiang. Shūwangwē ā il zinzulthtastlo alth il kutdūni, waigen kwul ik kwau langa addouang. Houītang tligē inku lā il kut tlidalthtaiang, altsīilth David gwikāēlang. Houītang David Goliath giē sitzē istaiang ken lāgiē sitzē alth il hēl lā il skīkītlaiang, waigen Goliath kwōtalang. Houītang Philistine hāadē tliga unga gwi stēlang, Israel hāadē ga ltha lthwaug yūanāni althlā. David Goliath tīaiang, waigen Philistine hāadē stāhā touilung il kaḡindaiang.

Israel hāadē wautliwan kwutungē lāgang, Goliath kwōtalang althlā. Israel chāadē wautliwan David an kwutungē lā yūanan, waigen hin ltha shouan: Saul tliga kalat hāadē klālē klālē klāalth tlitaiang, waigen wēata David tliga kalat hāadē lagwau klālē klālē klēlth tlitaḡun. Tlīstluan Saul Goliath kwōtals kāngang tlo David ā il killāgang, waigen gwudjan unga lā ga il istaiang. Lā il itlagidēlthtaiang. Tlīstluan tliku lth chāada shouan Saul anūnshitālang tlo David an il kātliyilthdaiang. Yenkien David tīie da il kwudangang, waigen Israel hāadē ga il lthwaugaiang. Wēata kum Shālānā dalung yetānsken tliga kalat hāadē

OLD TESTAMENT STORIES. 63

dāungas kingānu dalung edasang; waigen hetgwangē ā dalung isisang, waigen hetgwaulana dalung an ītlagidāshang. David Goliath tīaiang silīd Saul gwudjan unga David ga istaiang. Israel hāadē wautliwan David kwoyād yūanan. Washt ed kouit houshen Saul kōnungalth yūanan, waigen tista il glīdista yūanan. David lā hangku stlakingang tlo sitzē alth David il kitang. Il kātliyilthdaiang althlā kum yenkien lēī lā ottawāngang. Shālānā tuman David kāngang, waigen Saul kum il tīāngang. Houītang Saul giē nē stāhā David addang, waigen nē gwi unga il stēlang Saul ga il lthwaug yūanāni althlā. Saul houītang ga soldiergas gē lā il istaiang ken hinū il shouan : aiat singyāstlo David giē nē ā lth istiēdo waigen lth il tīo. Tliku Saul shouan David chā anūnshitālang tlo hin David il shūtaiang : David, houīt hetga lth kālth, waigen tliga kalat ā lth kaiit, waigen kum dī hāt dung tīāngshang. Wēata kum agung dung kagindānstlo dī hāt giē soldiers gē dung tīashang.

Naioth tligē ā il kaiitang ken Samuel lā alth idjan. Tlīstluan Saul anūnshitālang tlo il kātliyilthdaiang. Naioth tligē ā soldiers gē unga il kil istiēdang ken hinū soldiers gē il shūtaiang : David lth isto, waigen lth il tīo : Israel hāadē an king gāgē da il kwudungs althlā. Ga soldiers gē Naioth tligē ā istiēdang, waigen David ltha kāngang tlo lā ga ltha lthwaugālang Samuel alth il idjāni althlā. Ga soldiers gē houshen tliga unga gwi stēlang. Saul houshen ga soldiers gē Naioth tligē ā kil istiēdang, waigen houshen kum David ltha tīāngang. Houshen Saul ga soldiers gē tagwia yūans istaiang, waigen houshen hinū il shouan : Naioth tligē ā lth istiēdo waigen David lth tīo, waigen dalung an dī kwutungē lāshang. Houshen David ga ltha lthwaug yūanan ken houītang tliga unga gwi ltha stēlang. Itau Saul kātliyilthdaiang waigen hinū il shouan : kum David ga dī lthwaugaangung ; waigen wēata lā lth tīashang. Saul Naioth tligē ā kaiitang, waigen ga soldiers gē lā alth kwan yūanan. Hin Naioth hāadē alth il kīānangang : kitlano David īching ; kitlano Samuel īching ? Naioth hāadē hin hangtlan shouan : itanu Ramah tligē ā il istiēdwugun : altsīilth Saul isken ga soldiers gē ishin Ramah tligē ā ist iēdang. Tlīstluan Samuel il kāngang tlo hānts las il kwutungē ā idjan, waigen Samuel an il kwutungē lāgang. Tlīstluan David Saul kāngang tlo il lthwaugaiang, waigen Nob tligē ā il kaiitang. Nung laplētgas alth il idjāni, waigen houshen Saul David tlā kaiitang. Shantlan swaunshung gūd David hin laplēt shūtaiang : shibili dī ga lth ista, waigen tliga kalat ā lth kaiitshang. Anung laplētgas hin shouan : kumu shibiligē kiagin nai ā isāngung. Shibili alungē kwu klēlth churchnai ā īchingwau, waigen adshi shibiligē Shālānā giou īching. David hin shouan : adshi churchnigē shibiligē dī ga lth ista, waigen dung an dī kwutungē lāshang. Kasino anung laplētgas kēyaiang? Abimelech hinū il kēyāiang. Tliku Shālānā shouan kingānu kum il wauangang, waigen shibili kwu klēlth lā ga il istaiang. Saul anūnshitālang tlo ga laplētgas klūlē stanshunga wok klēlth il tlitaiang.

David shibili istaiang ken Achish tligē ā il kaiitang. Achish hāadē an nung ītlagidas David anūnshitālang tlo houshen David lthwaugaiang. Kashintlou anung ītlagidas ga il lthwaug udjang? Itan awolth David Philistine hāadē tlitaiang, waigen anung ītlagidas ltha alth stangang. Houītang Saul ishin Achish tligē gu kātlāgang ; waigen David lthwaugaiang, altsīilth Achish tligē stāhā il kaiitang. Engedi tligē ā il kaiitang waigen touilung dungalthan. Engedi tligē kwau yūan alth stāouwaiang. Saul adshi tligē gu kātlāgan lāgiou soldiers dungalthan. David tīiē da il kwudangang, altsīilth kwau kalthgwīd David da il dīingangang waigen kum lā il kīangang. Houītang Saul hāgālang, waigen tīsh hellā hetit il hāgulthsken il katsaiang, waigen ā il tīgang soldiers gē dungalthan. Tlītzan David tīdas kwulth silthli il tīgang, waigen kum David tīdasi an Saul ūnshitāngang. Hinū David giē soldiers gē shouan : wēata Saul lth tīi, waigen Israel hāadē wautliwan an dung King gāshang. Hinū David hangtlan shouan : kāhano ; kum Saul lth tīangshang Israel hāadē wautliwan an Shālānā Saul King gaēlthtaguni althlā Saul tīdas ā il kāgang, waigen kōdets lā il gidsgildaiang ken langa il kētsitlaiang. Waigen Saul kum anūnshitāngang.

Saul singaian kātlouang ken il kāgwālang. Tlīī stāhā il kāngāni tlo David ishin lā silī stāhā kāgwālang, waigen shā kwau inku il kātlātlaiang ken hinū il shouan: Saul, kōdetsi lth unga king; halgwau gūshāg dī kwulth dūng tīdagun, waigen dung tīiē da dī kwudungstlo dung lth tīasgaiahangunwau. Kum dung tīiē da dī kwudungāngun, altsīilth dī kwulth dung tīdagun tlo dung lth hēningādagun. Wēata dī an dung kwutungē lāsken dung an dī lāsang Dahou tagwiā yūangungwau, waigen kum dī tagwiāngung Dahou Israel hāadē an King gāgung, waigen dīu skī kingān edungwau. Kashintlou tliga jinga stāhā althkwīk dung isūdjang? Kashintlou skī hutsu tīiē da dung kwudungung? Wēata tliga unga gwi lth stīlth: dī an lth kwutungē unga lāda, waigen dung an ishin dī kwutungē lāshang. Saul hin hangtlan shouan: kum dung an kwutungē lāgē da dī kwudungangung: dung lth istasken dung lth tīashang Saul kwutungē dāungaiang: il kwutungē chānsi lā an dāungaiang, waigen il kilthkadung gīīgangang, altsīilth David tliga jinga gu nāgīīgangang.

Wadlu Israel hāadē kum tagwiāngang Saul David tīiē da kwudangāni althlā, waigen Israel hāadē David an kwutungē lāgang. Philistine hāadē houshen Israel hāadē an hāēlthtaiang. Saul yenkien lthwaugaiang, waigen ltha kōnungelguns kingānu il edang: kum lth hāada tagwias lā kwulthlu isāngang. Philistine hāadē gwikāēlang, waigen Saul isken il kitilung ishin ltha tlitaodzouang. Israel tligē ishin ltha hokulthtaiang, waigen Israel tligē ginggangang ltha tlaēlang: altsīilth houshen Israel hāadē kuniskidēgēlang. Tlīstluan David Saul kwōtalang anūnshitālang tlo Israel hāade wautliwan il istaiang soldiers anna. Israel hāadē houshen Philistine hāadē an hāēlthtaiang, waigen David giē soldiers gē gwikāēlang. Israel hāadē David an kwutunkē lāgang, waigen David ltha King gaēlthtaiang. Saul kwōtalang silīd David Israel hāadē an King gaēlang, waigen Shālānā lā alth stangang. David ītlagida lā yūanu idjan, waigen tliga kalat hāadē wautliwan stāhā Israel hāadē il kagindaiang.

David ītlagidāgang tlo Israel hāadē wautliwan kwutunge

HAIDA. F

kladska yūanan, waigen Shālānā ā singelthkang ltha gūshū-ḡangang. Hinū David shouan: singai wautliwan gūd Shālānā a singelthkang lth gūshū, waigen lā ā lth killou: lā ā dalung killāstlo tou isken kin giandas ishin kin lā wautliwan ishin dalung ga il istāshang. Sintadjā wautliwan gūd lā ā singelthkang lth gūshū, waigen kin dāunga dalung istas washt il kishūasang; tuman dalung ishin īl kingasang. Singyā wautliwan gūd dalung dāungas lā ga lth shūdo, waigen dalung kwutungē īl tlaskwunagelthasang. Lā lth kwōyādo, waigen ga dāungas gē wautliwan stāhā dalung kaḡunasang. Lā lth yeto, waigen tliga kalat hāadē telgu dalung kwutungē kladskāshang. Lā ā lth killou houshen shantlan kalat dalung kinḡuni althlā: waigen halgwau gūd tuman dalung il kagindāshang.

David Psalmgē kwan yūan kālanḡangang. Lamatoē il kētsitang tlo Psalmgē klālē stung wok lth'unilth il kālangang. Hinū il shouan: Shālānā lamatoē kētsitlē lā dī na īching, altsīilth kum kin et hutsu ga dī istatlāngshang. Shālānā il yeta yūanan, waigen Shālānā tuman il kāngang. Houshen Psalmgē kalat hin shouan: O Shānungetlagidas dī kalthshint lth kwutung, waigen dī dāungas washt lth kishu. Wēata dī dāungas hansta lth shūḡung, waigen dī dāungas dā hangku is gīīḡung. Dī dāungas hangi unga lth saal, waigen kum hānts unga las dī stāhā lth istaang. O Shālānā dī kwut lth wastdaastla, waigen dī dāungas hansta lth shūasang.

Yenkien David King gaēlth yūanēlang, waigen kum nung King gas David kingānu edāngang. Shālānā hin il shūtaiang: wēata nung ītlinga lā lth kīīḡun, waigen dī kwutungē kingānu il ēdung. Kum klingān il kwutungē daungas lth kinganḡun, altsīilth lā an dī kwutungē lāḡung: tliku lth shūs ishin kingānu il wauḡung. David Israel hāadē kwutungē lāḡē ga istatlaiang altsīilth hinū il shouan: churchnē ā lth istzoo, waigen Shālānā ā lth killou: kin lā wautliwan dalung ga il istasi althlā. Wēata David giē Psalmgē churchnigē ā talung katzu ḡīīḡung. Psalmgē kalat hin shouan: katzou houtlā alth Shālānā ā lth katzūo kin an kaldunga il tlaoutlas althlā. Il soolgūst alth, waigen

OLD TESTAMENT STORIES. 67

il yhē lāsi alth lā gwikāēlang. Shālānā kin alth kaginsh unga an ūnshitgēlthtaiang, waigen lth hāada wautliwan hangku kin las unga il kingdaiang. Israel hāadē kalthshint il kwutangang: waigen tliga kalat hāadē wautliwan an il ītlagidāgung. Tliga wautliwan Shālānā ā lth katzuo: tlikagūlā lth agung kingdou: tlika lth gūlādou: waigen sing lā ā lth killou. Shālānā ā lth killou harpgas inku: hukinganu alth isken stlakinganu alth ishin Shālānā ā lth katzūo. Agwan hānlth yūandas stlantlakadanda: waigen agwan lth kētsuwau kwudungalth Shālānā hangku tlikagūlāda, adshi tligē gu il kātlāsēs althlā lth hāadā il ginkilislungēanā.

Kin skadadā lēilung isken: gūshou lēilung ishin: ga laplētgas gē ishin lā an kwangung. Churchnē wautliwan ai ga laplētgas gē kin lā lth hāada skadadagāngang: schoolnē wautliwan ai kin skadadā lēilung lth hāada skadadaiang: waigen gūshou lēilung ishin lth hāada kin kutungas skadadaiang: altsīilth Israel hāadē wautliwan kwutungē lā yūanan. Laplēt wautliwan David an kwutungē lāgang nung ītlinga lā il idjāni althlā. Shantlan swaunshung gūd David churchnē yūans tlaoutliē da kwudangang, waigen adshi churchnē Shālānā ga istiē da il gwaulang. Houītang nung Prophetgas David an kātlāgang ken hinū il shouan: David, Shānungetlagidas kum churchnē yūans dung tlaoutliē da kwudungangūng. Dung stlē ai alth stāouwāsi althlā, altsīilth churchnē dung tlaoutliē kum lāngūng. Tliga kalat hāadē kwan yūan il tlitaiang, altsīilth il stlē ai alth stāouwāgang.

Yenkien il kwutungēsti yūanan Shālānā kum churchnē yūans il tlaoutliē da kwudāngāni althlā. Houshen anung Prophetgas lā an kātlāgang ken hinū il shouan: David, kum lth kwutungē unga stitāng: wēata dālā kwan yūan lth ista : gold ishin : kwau lā yūan ishin : sahalthtlan lā yūan ishin : waigen kin lā gwudila ishin : waigen tuman lth unga king. Tlīstluan dung kwōtalstlo dung kit churchnē yūan tlaoutlāshang, waigen Shālānā lā an kwutungē lāshang. Waikingān David waugāng. Dālā kwan yūan isken :· gold ishin;

kwau lā yūan ishin il istaiang: altsīilth David churchnē lā yūan tlaoutliē tatlāēdang. Tlīstluan il kwōtaltālang tlo ltha kutungas wautliwan an il aiyangang ken hin ltha il shūtaiang: dī kwōtaltalgung, waigen tlīstluan dī kwōtalstlo Solomon dī kit isis tuman lth kingo: lā lth tlakutungēltho Israel hāadē wautliwan an il King gaēlthasēs althlā. Solomon dalung wautliwan kwoyādiē da dī kwudungung. Shālānā giē kingwogungē ishin tuman lth king, waigen kingān lth waugīīu. Kingwoguns langa dalung tlahustastlo tliga kalat hāadē haldungou dalung isīlthasang. David kwōtalang, waigen Solomon Israel hāadē an ītlagidēalang. Wēata dī touilung, David kingān lth kwutungē unga edo waigen hin lth shūū: O Shālānā ītil dāungas lth washtkīshu, waigen kum lth hānts unga las ītil stāhā istaang. O Shālānā ītil dāungas stāhā lth hangi unga saal, waigen ītil kwutungē tlaskwuna. Wēata lā ā singelthkang lth gūshū waigen David kingān dalung kwutungē il tlaoulthlāgelthasang.

LESSON XVIII.

SOLOMON.

DAVID kwōtalang silīd Solomon Israel hāadē wautliwan an ītlagidēalang, waigen laou King ga lā yūanu idjan. Kum nung ītlinga Solomon kingān kutungāgang. Kōgīna kwan yūan il kālungangang. Proverbs il kālangang. Itan innas wautliwan hin il shūtaiang: wēata itan dalung innas, Shānungetlagidas dalung tlaoutlaiang an agung lth ūnshīto, waigen tlīstluan dalung kīēlthstlo dalung kutungāsang Shālānā hangi tliga wautliwan gu īching: ga dāungas gē il kingung, waigen ga las gē ishin. Ān lth kutungātoo, waigen dalung an il kwutungē lāshang. Ga kutungas gē Shālānā ga lthwaugung: ga dāungas gē ltha kōnungelguns kingānu ēdung, waigen lth hāada kōnunga kum Shālānā ga lthwaugaangung. Yenkien Solomon kutunga yūanan. Lthken gwudila ed wautliwan annu il ūnshītaiāni: hāna gwudila ed wautliwan ishin: kin hēllē wautliwan kēyi an ishin il ūnshītang: kān wautliwan kēyi an ishin.

OLD TESTAMENT STORIES. 69

Tliga kalat jinga stāhā ītlagida kwan Solomon an istlāgang il gūshouwē kutungas an ūnshitē da ltha kwudangāni althlā. Queen of Sheba ishin Solomon an kātlāgang, waigen kin kwōyā yūan saouhadan lā ga il ista kwanan, waigen lā an il kwutungē lāgang. Solomon gūshouwē il kwudangang tlo yenkien il kwutungē langa hēlouang, Solomon kin wautliwan anūnshītāni althlā. Hinū Queen of Sheba shouan : Solomon, yenkien dung ītlagida lā yūangung: dung kwutungē ishin lāgung: dung kitzadalung ishin: waigen lth hāada wautliwan telgu dung kutungāgung. Wēata Shālānā lth kwōyādung dung il tlakutungā yūansi althlā: waigen tliga unga gwi il stēlang. Shantlan swaunshung gud lth chāada stung lā an istlāgang ken hinū il shūouang: dī ītlagīda, itil kwutungēsti yūans wautlassaaskit. Nung chada swaunshung hin shouan : singyāgun tlo giang tīdanē inku lth tīdagun, waigen dī kit ishin dī alth tīdagun. Laou tagwiāgun, waigen kum il stiāngun. Singyā wautliwan gūd kit unga tuman lth kingung lā lth kwōyāda yūansi althlā. Anung chada dāungas dī kit dī stāhā kwolthtagun; waigen il kit kwōtalas washoutka dī ga il istagun. Tlīstluan lth kīitlāgun tlo kit unga lth kingun, waigen nung kalatu īching. Hinū Solomon shouan : kīstho dung kit kwolthtagun? Kasino il kēyang? dī ga lth shūda waigen kētsit nē ā lā lth istāshang. Anung chada shouan : anung chada issu dī kit istāgungwan, waigen il kit kwōtalas washoutka dī ga il istagun. Anung chada dāunga shouan : kumu tlaou il istaangun dung kita, yenkien dung kilthkadungung. Solomon hin shouan: lth hāhudila stung althkwi lth dī hangku isto: waigen lā ā kitilung ltha istaiang. Solomon lth hāhudila stung kāngang ken hinū il shouan : kiagin soldiers ge, anung hāhutsu tagwias gwudglu saouglu lth kētato, waigen lth chāada stung kwutungē lashang. Nung hāhutsu tagwias ou hin shouan : kum lth il tiāngu ; waigen dī kit wēata lth kaginda, waigen anung chada dāungas ga lth il isto. Houītang Solomon hin shouan: anung hāhutsu tagwias anung chada las ga lth isto yenkien il ou īching: waigen nung hāhutsu kwōtalas anung chada dăungas ga lth isto: nung hāhutsu tagwias ou il isisken, lāḡung: il kwōtalē lāḡung kum hin il shoutlingānḡun, anung tagwias tīē da il kwudungsi althlā. Solomon king gaēlang tlo churchnē yūans il tlaoutlaiang. Ga lthāangwilas gē kutungas isken: stlinlā lēilung ishin il istaiang; waigen kin lā wautliwan ltha tlaoulth ēlthkīgang churchnai ă. Aung unga giē gōlē isken: dālā ishin: kin wautliwan il daas langa il istaiang; adshi churchnē tlaoutliē da il kwudangāni althlā. Churchnai ā kum klingān hutsu tlilthē alth kin kutduns ltha kwudungānḡangang. Wadshgwau agwi kin ltha tlaoutlas wē ltha istaḡangang. Kin ltha tlaoutlas wauga ltha tāisgudanskenan yenkien lāḡangang. Tada chigwau gūd adshi churchnigē ltha tlaoutlaiang, altsīilth kumu Solomon giē churchnigē kingān churchnē edāngang.

Solomon sahalthtlan swaunan churchnigē an il tlimit tatgangang, waigen sahalthtlan swaunan wau ingūd ītliā gangang: shāshi nē kāan ishin sahalthtlan swaunan idjangang. Adshi churchnē kātli sahalthtlan swaunan ishin istijouang. Gold swaunan tlimit il isīlthtaiang: ingūd ga ītlias gē an ishin: tiskwan ishin gold swaunan il isīlthtaiang, waigen kum klingān sahalthtlanē kāng gaangang: tlan gold swaunan isīlth ltha kāngang. Kūwē wautliwan ishin sahalthtlan swaunan tīstlaiang, waigen kūwē wautliwan ltha kētdanḡang: wadlu wau ingūd gold ltha istaḡangang. Nē kātli ā kin kwulthoutalsi sahalthtlan swaunan idjangang, waigen wau ingūd gold ltha istaḡangang. Tatchgwau kin inku laplēt giangs gē ishin sahalthtlan swaunan idjangang, waigen wau ingūd gold ltha istaḡangang. Singelthkang giouk ltha gūshūs gē ishin sahalthtlan swaunan idjāni, waigen wau ingūd gold ltha istaḡangang. Adshi churchnigē kātli kētdatijouang, waigen yenkien adshi churchnigē lā yūanan. Tablegē isken kin wautliwan churchnē ā isis ishin gold swaunan idjāni. Tliga kalat hāadē adshi churchnē kāngang tlo kwutungē hēlouang.

Tlīstluan adshi churchnigē tlītchian ēlthkīgang tlo Solomon churchnigē īk katsaiang, waigen ga laplēt gas kwan yūan lā tlā istālang: waigen Israel hāadē kwan yūan

OLD TESTAMENT STORIES. 71

laplētgas gē tlā istālang. Ga laplētgas gē gold tablegē isken, gold kāsotouho ishin, gold hōtē giā Law isisas gē ishin, gold kēlthka ishin churchnē ai istaiang. Laplēt kwan yūan adshgūst tluadaiang, waigen wauhantlā ishin laplēt kwan yūanan. Kin tlikits katgūst Solomon giangang: shā il yhējālang ken hinū il shouan: O Shālānā, wēata tung ā lth killāḡung tuman dī dung kings althlā: waigen wēata adshi churchnē dung ga lth istāshang. Churchnigē lth ista O Shālānā waigeñ dī kwutungē lāshang. O Shālānā adshi churchnigē ā Israel hāadē tung ā singelthkang gūshūstlo ltha kil lth kwudung, waigen ītil dāungas lth dakīskit: ītil kwutungē ishin lth tlaskwuna. Israel hāadē kwutungē dāungas dung kingstlo, waigen adshi churchnigē ā tung ā singelthkang ltha gūshūstlo ltha kil lth kwudung, waigen ltha ta lth tlat: waigen houītang Israel hāadē tliku kingwoḡuns shouan kingān ltha wauḡīshang. Tlīstluān tliga kalat hāadē ītil an hāelthtiē da kwudungstlo, waigen ādlunē tung ā singelthkang talung gūshūstlo ītil ta lth tlāt: ga dāungas gē stāhā lth ītil kaḡinda: waigen tliga kalat hāadē lth hēlōda. Hānlthē isken tou ishin gūstlo, waigen dung kēyi ā singelthkang talung gūshūstlo houītang lth ītil tatlāt: waigen kin ga ītil istatlas kingān lth ītil ga ista. Ītil ta lth tlāt O Shālānā, waigen kum hānts unga las ītil stāhā lth istāng. Awolth ītil aungalung ta dung tlāēdangang kingān lth wēata ītil ishin tatlāt. Adshi tligē dunḡiou īching: wēata O Shālānā ītil alth stung gū, waigen Israel hāadē tuman lth king. Kūwē dāungas gūd talung istalstlo lth houītang stāhā ītil tlastīlth, waigen kūwē las gūd ītil lth istalyādaḡū. Wēata O Shālānā, ītil kwutungē tlaskwuna, waigen kin las swaunan ītil ga lth ista. Ītil dāungas ishin lth washtkishu, waigen ītil kwutungē tlalā. Yenkien Solomon singelthkang gūshou lā yūanan, waigen Shālānā lā an kwutungē lāgang. Tlan singelthkang il gūshūḡīgang tlo ltha zanouādaḡuns kingān churchnē kātli ēlang. Lth hāada lthwaugodzouang, waigen houītang ltha tīkwoanstla odzouang. Ltha zanouādaḡuns kingān churchnē kātli ēlang Shānungetlagidas gaigu idjāni althlā.

Solomon Israel hāadē an King gaēlang tlo ltha wautliwan kintlingāgang, waigen tliga kalat hāadē ltha kitzadalungu idjāni. Gold isken, dūlā ishin, kwan kwōyā yūan ishin, kin lā gwudila ed wautliwan ishin Israel hāadē an kwanēlāni. Tliga kalat hāadē kwan yūanan il ītlagidēalang, waigen shantlan wautliwan Solomon hēningaskialk Israel hāadē wautliwan kwutungē lā yūanan. Kum nung King gas kalat Solomon kingānu kutungāngang. Solomon kwōtalang silīd Rehoboam il kit Israel hāadē an ītlagidagē da kwudangang. Houītang Israel hāadē tītch lā an kwutungē kātliyilth daiang ken hin ltha shouan: kum Rehoboam ītil an King gādiē da ītil kwudungangung laou dāunga yūansi althlā. Israel hāadē tītch Rehoboam an kwutungē lāgang, waigen ltha tītch lā an dāungaiang: altsūilth Solomon kwōtalang silīd kum Israel hāadē wautliwan an King ga swaunshungāngang. Ltha tītch an nung King gasken, waigen ltha tītch ishin an nung King gāgang: altsīilth gwudan ltha hāēlthta gīīgangang.

Tligē klāalth tliga swaunshung kingānu ēlang, waigen Israel tligē hinū il kēyēlāni. Tligē stung tliga swaunshung kingānu ēlang, waigen Judah tligē hinū il kēyēlāni. Ga King gas gē klālē stung Israel hāadē an ītlagidēalang. Tada klālē klālē stung wok klālē klēlth wok klēlth ā ga King gas gē klālē stung Israel hāadē an ītlagidēalang. Israel hāadē an ga King gas gē wautliwan kwutungē dāungaiang, waigen Shālānā ltha an kātliyilthdaiang. Yenkien Israel hāadē il dāngang kin dāunga ltha ista gīīgangāni althlā. Houītang lth hāada wautliwan isantīaiang, waigen tliga kalat hāadē nē lthanga istaiang, tligē lthanga ishin. Israel hāadē an ltha hāēlthtaiang, waigen Israel hāadē wautliwan ltha istaiang haldungā an. Yhē addu yātz ltha istaodzouang, waigen tliga jinga ā Israel hāadē ltha istaiang. Tliga kalat hāadē Israel hāadē haldungsidēlthtaiang, waigen Israel hāadē tītch ltha tlitaiang. Wēata giouk Israel hāadē isisgē kum an ītil ūnshītangung.

Tada lagwau klāalth wok klālē klāalth, wok klālē stanshunga wok stanshunga gūd ga King gas gē klālē

OLD TESTAMENT STORIES. 73

stung wok stung Judah hāadē an ītlagidēalang. Judah hāadē ishin Shālānā kēyi dakīskit gīīgangang, waigen houītang tliga kalat hāadē Judah hāadē haldungsidēlthtaiang. Judah hāadē isantīaiang, altsīilth tliga kalat hāadē nē lthanga istaiang: tligē dungalthan lthanga ltha istaiang. Judah hāadē dāungaiang, waigen lthken hudila ltha tlaoulthgangang skātlink anna; ettitē an ishin: mūsmūs an ishin: waigen ā singelthkang ltha gūshūḡangang. Shālānā ltha an kātliyilthdaiang, waigen ltha il dāng odzouang. Shantlan swaunshung gūd Babylon hāadē Judah hāadē an hāēlthtaiang; waigen Judah hāadē wautliwan Babylon tligē ā ltha istaiang. Babylon hāadē Solomon giē churchnē hēt tlaskinanḡunḡangang kūtiljou alth, waigen kin las wautliwan ltha kwolthtaiang: gold kin wautliwan ishin Babylon hāadē istaiang, altsīilth houshen yenkien Judah tligē ginggangganu ēlang.

Wēata dī touilung, ān lth kutungātoo, waigen tliku Shālānā dalung shūtas kingān lth wau gīīu. Kum kin et sūtsu Shālānā an saalgaanḡung, altsīilth wēata kwutungē unga wautliwan lā ga lth isto; waigen tuman dalung il kingasang. Dalung il dāngstlo houītang dalung wautliwan kuniskidē inēlthasang, waigen tlīstluan dalung kwōtalkāstlo hetgwaugō ā dalung isisang.

LESSON XIX.

ELIJAH.

ELIJAH nung Gilead hāadou idjāni, waigen nung Prophetgas lā yūan il idjan. Laou Prophetgāgang tlo Ahab Israel hāadē an King gaēlang. Ahab kwutungē dāungaiang, altsīilth Israel hāadē isantīaiang, waigen ltha chākwudistlaiang. Washt ed kouit Elijah hin Ahab shūtaiang. Shānungetlagidas kitzadu dī īching, waigen lā hangku lth gianḡung. Yenkien dung dāunga yūanḡung, altsīilth tada kwan gūd Israel tligē gu kum kālangudāngshang, waigen kumu delgīīāngshang. Lth gūshūstlo delgūāshang, waigen kum lth gūshūānstlo kum delgūāngshang. Houītang Israel hāadē kum hānlthē kīāngang; waigen mūsmūsgē kwan isken, kuitangē kwan ishin kwōtalthkaiang hānlthē kum kāng gaangāni althḷā. Shālānā hin Elijah shūtaiang: Elijah, kin wautliwan lth unga ista waigen Cherith tligē ā lth kaiit, waigen hānlth gaigu dung istāshang. Cherith tligē ā lth kaiit waigen agung lth saal, Ahab dung tīie da kwudungs althlā. Cherith tligē ā il kaitang, waigen gu kum nung hāada swaunshung isāngang. Kītchista tou il istaiang? Shālānā kin an kaldunga tlaoutlaiang, waigen tlitzan Elijah isis gu yētlth tou lā yūan lā ā kwōisitlāḡangang; waigen Elijah tāḡangang Singai wautliwan gūd yētlth tou lā ā kwōisitlāḡangang Shālānā tuman il kāngāni althlā.

Kum washt jingānḡundang hānlth hellā kīālani, waigen houshen Shālānā hin il shūtaiang: Zarephath tligē ā lth kaiit, waigeu lth gu is. Kingān il idjāni. Zarephath tligē an il kātlātālang tlo nung chada zanoa hudīla il istaḡwanḡundang an il kātlāgang. Anung chada tlāl itan kwōtalgun altsīilth il kuniskidēgēlang. Elijah hin il shūtaiang: shibili klingān sūtsu dī ga lth ista, waigen dung da lth tlātasang. Anung chada hin hangtlan shouan: dē stlē glu shibili dī na ēdung, altsīilth wēata annu zanoa hudila lth istang. Silthkang lth stīlthsken unga lth tlaoutlāshang: waigen unga lth tāstlo, kum houshen kin tātlingē kāng gaangsken dī kwōtalashang, waigen dī kit ishin. Elijah hin shouan: dī ga lth shibili ista, waigen shibili dānga kum hēlōangshang. Wēata shibili dī na tlaoulth tlāgang, waigen wadla kit unga an lth tlaoutla; waigen kinungan lth tlaoutla, waigen kum dalung kwōtalthkāngshang. Tliku Elijah shouan kingānu il wauḡang; waigen tada kwan gūd shibili kum langa hēlōangang. Yenkien houshen Elijah kin an kaldunga tlaoutlaiang. Shantlan swaunshung gūd anung chada kit kwōtalang; waigen houītang Elijah an il kātlāgang ken hinū il shouan: kashintlou kwutungē tlakwīda dī ga dung istou udjang? Dī an dung kātliyildas althlā dī kit kwōtalgun. Elijah hin shouan: kum dung an dī kātliyildunganḡung: dung an dī kwutungē lāḡung. Wēata kit unga lth dī ga ista waigen lā lth tlatagwiēlthasang. Anung chada kit unga lā ga istaiang, waigen giouk Elijah tīdaiang silī lā il istaiang. Lā inku Elijah kuntlināgang. Lā inku il kuntlinā lth'unilthālang, waigen hinū il shouan: O Shālānā anung hāhutsu tlatagwiē: waigen anung chàda kwutungē wautlassaaskit. Wēata dī ta lth tlāt, waigen houshen tagwia il kit ga ista. Elijah kil Shālānā kwudangang, waigen houshen anung hāhutsu il tlatagwiēlang Elijah anung hāhutsu glīidang, waigen hinū il ou il shūtaiang: wēata dung kit tagwiēlgung. Il kit houshen tagwias il kāngāni tlo yenkien il kwutungē lā yūanan. Sing Elijah ā il killāḡang. Adshi kin an kaldunga lth'unilth Elijah tlaoutlaiang.

Tada lth'unilth hēlouang tlo Elijah hin Obadiah shūtaiang: houshen delgū ungkashang, waigen tlan Shālānā swaunan Israel tligē an ītlagidas Israel hāadē anūnshitalasang. Kīstho Obadiah idjan? Yenkien Obadiah nung ītlinga lā yūanu idjāni. Ahab Israel hāadē wautliwan an King gaēlang, waigen Obadiah lā hangast klingān edang; altsīilth Obadiah nung ītlagida yūanu idjāni. Ahab hin Obadiah shūtaiang: soldiers kwan yūan lth ista waigen tliga tītch ai lth istalo, waigen hāulthē lth kīiu: waigen tlaou ishin tliga tītch ai kāashang. Kum hānlthē talung kīangsken houītang ītil wautliwan kwōtalkāshang. Wēata mūsmūsgē kwan yūan kwōtalthkagiēdang: lamatoē ishin: touilung ishin. Tliku Ahab shouan kingānu il waug̱ang. Hānlthē kīiē da il kwudangang tlo Elijah hin il shūtaiang: Ahab gwi lth stīlth waigen hin lā ga shūda, althkwīk Elijah ā il kāalth delgū yūansēs althlā. Hinū Obadiah shouan: yenkien Prophet lā yūanu dung īching, altsīilth tliku dī ga dung shūtas Ahab lth shūtāshang. Kingānu il waug̱ang; waigen Elijah an il kātlāḡang. Hinū Ahab shouan: Elijah, yenkien dung dāunga yūang̱ungwau, kwutungē tlakwīda Israel hāadē wautliwan ga dung istasi althlā. Houītang Elijah hin hangtlan il shūtaiang: kum kwutungē tlakwīda Israel hāadē ga lth istag̱ungang̱ung, waigen kum ltha an dī kwutungē dāungang̱ung, yenkien dahou kwutungē tlakwīda ltha ga istang̱wau. Dahou waug̱ungwau; altsīilth Israel hāadē an dung kwutungē dāunga yūang̱ung, Shānungetlagidas giē

OLD TESTAMENT STORIES.

kingwoḡungē dung tlahustagīīsi althlā. Kingwoḡuns langa kingān kum dung wauanḡuni althlā, altsīilth Israel tligē gu tada lth'unilth gūd kum delgūanḡun : waigen dalunḡiou mūsmūsgē kwan kwōtalthkāgīīgung: lamatoē ishin : kuitanē ishin. Baal kil dung yetaḡunḡung, waigen laou hetgwaulana gāgung. Yenkien dung dāunga yūanḡung, altsīilth Israel hāadē kuniskidē odzūgung. Ahab ga laplētgas gē laḡwau klālē stung wok klālē klēlth istaiang. Shantlan wautliwan gūd Ahab giē naī ā ltha lthtanūgīīḡangang, altsīilth hinū lth hāada kwan kwudangang Baal Shānungetlagidas is hin ltha kwudangang, altsīilth Shālanā ltha an kwutungēsti yūanan. Hinū Elijah Ahab shūtaiang : Baal gion laplēt wautliwan lth ista, waigen lthdou Carmel gwi lth istiēdo. Kingān ltha wauḡang: waigen Baal touilung Carmel lthdou gu istlāḡang. Elijah hin ltha shūtaiang: houshen gu tlāā dalung kwutungē stung us? Shālānā tliḡa wautliwan an ītlagidastlo lā tlā lth istalo : waigen Baal tliga wautliwan an itlagidastlo lā tlā lth istalo, waigen dalung il kagindāshang. Tlau dī swaunan Shālānā kitzadou īching: waigen ādluna Baal giē laplēt lagwau klālē stung wok klālē klēlth īching. Weata O Ahab, mūsmūs swaunshung Baal giou laplet wautliwan ga lth ista, waigen wadla mūsmūs swaunshung dī ga lth ista Kingānu il wauḡang Ahab ā. Elijah hin Baal giou laplēt wautliwan shūtaiang: adshi tablegē inku mūsmūsgē kwunan ḳūtlis gud tlāḡangu dalung kwansi althlā: waigen kum tablegē hetgu zanoa istāngu : tās shā stāhā hētge isisken waigen mūsmūsgē hulhēlōsken tlan Baal swaunan tliga wautliwan an ītlagidas Israel hāadē wautliwan anūnshitalthasang. Waikingāu ltha wauḡang. Ga laplēhgas gē dāungas tablegē inku mūsmūsgē kwunan ḳūtlisgudāni, waigen kum tablegē hetgu zanoa ltha istaangang. Singaian hin Baal ā singelthkang ltha gūshūḡangang: O Baal ītil ta lth tlāt : O Baal tuman lth ītil kīl kwudung: O Baal ītil lth kaḡinda : O Baal delā ītil ga lth ista hin ltha shūḡangang. Sintadjā gēlthstlo Elijah ltha an ḳā yñanḡangang ken hinū il shouan: Baal dalung an ītlagidāḡung, altsīilth kwunan lā ā singelthkang lthgūshū. Haia, tliga kalat hāadē ā il gūshū althlingung. Wadshgwau agwi ā il kaiitang althlingung. Il katti yūan althlingung, altsiilth kwunan lā ā singelthkang lth gūshū, waigen lā lth tlaskinou. Laplēt dāunga wautliwan Elijah an kātliyilthdaiang Baal an il ḵā yūanāni althlā. Yenkien Baal giē laplēt wautliwan kwutungē tlakwīd yūanan, waigen ḵal unga ltha kētsilgangang: waigen aī lthanga kwan yūangangang. Kwunan Baal ā singelthkang ltha gūshūgangang; waigen kwunan ltha kwutungēstigang kum klingān sūtsu Baal hangtlan shūangangāni althlā. Tlīstluan juiē kākilthkatālang tlo hinu Elijah shouan: kum Baal dalung kil kwudungangun, altsiilth kum dalung an il ītlagidangung. Yenkien Baal lthken kingānu ēdung, waigen dalung wautliwan kōnungung lā ā singelthkang dalung gūshūs althlā. Wēata dī ā lth isso, waigen houītang tlan Shālānā swaunan ītlagida isis an delung ūnshitalthasang. Houītang Elijah tablegē inku mūsmūsgē ḵūtlisgudāni, waigen wau hetgu kum zanoa il istaangang. Hinū il shouan: wēata O Shālānā, dī ta lth tlat, waigen dī kil lth kwudung: shā stāhā zanoa hētga lth ista, waigen kiagin mūsmūsgē ḥulhēlōda: waigen dung tagwia yūans Israel hāadē anūnshitalthasang. Tablegē hētsi il tlahellaāni, waigen hinū il shouan: skatsangu ska stanshung hānlth alth stāoudo, waigen kiagin mūsmūsgē inku lth giaduwou. Waikingān ltha waugang. Houshen Elijah hin shouan: houshen kingān lth wauu; waigen houshen kingān ltha waugang. Houshen Elijah hin shouan: houshen skatsangu ska stanshung hānlth alth staoudo, waigen kiagin mūsmūsgē inku lth giaduwou. Waikingān ltha istaiang. Skatsangu ska stanshung hānlth alth stāouda lth'unilthēlang, waigen Elijah giē mūsmūsgē gwi hānlth ltha giada lth'unilthēlang; waigen wau hānlth alth stāougāni. Houshen hin Elijah Shālānā ā singelthkang gūshouang: O Abraham an nung Ītlagidas: O Isaac isken, Jacob an ishin nung Ītlagidas, wēata zanoa hētga lth ista, waigen kiagin mūsmūsgē houītang lth ḥulhēlōda. Yenkien Elijah kilth kingān houītang shā stāhā zanoa hētga il istaiang, waigen mūsmūsgē iskēn hănlth wautliwan ishin kwiē wautliwan ishin hulhēlouang; altsīilth Israel hāadē lthwaug yūan odzouang ken ltha tīkwōanstla odzouang. Elijah hin shouan : wēata Baal ītlagida yūans gu dalung kwudung us? Kāhano; laou ginggănganu ēdung: altsīilth Baal giē laplēt wautluwan lth tlitoo. Houītang Israel hāadē Baal giē laplētgas gē lagwau klālē stung wok klālē klēlth tlitaiang; waigen houshen Shālānā gwi kwutungē unga ltha stīlthtaiang.

Elijah itan hin kitzadalung swaun shūtaiang : wadshgwīk lth kaiit waigēn tungē lth king. Houītang ā il kaiitang waigen kum kin swaunshung il kingāngang. Hin lā il shūta chigwaugang : wadshgwīk lth kaiit waigen tungē lth king. Tungē il king chigwaugang tlo yen lth'alth il kangang. Tlīstluan Elijah gwi il stēlang tlo hin lā il shūtaiang: dī ītlagīda, yen lth'alth stlē kingān edis lth kingŭni. Yenkien Elijah kwutungē lā yūanan, waigen hin lā il shūtaiang: Ahab giē nē gwi lth stīlth, waigen hin lā ga lth shūda, houītang lth ga tā, wāigen lth hutla, yenkien delgū yūan ungka shang. Ahab kwutungē lagang waigen nē gwi unga il stēlang. Houitang yenē lth'althtaiang waigen delgu yūanan. Adshi, kin an kaldunga Elijah tlaoutla stanshangang.

Ahab kwōtalang silīd Ahaziah Israel hāadē an ītlagidēalang. Kum Shālānā il yetāngang. Baalzebub il yetaiang. Baalzebub hetgwaulana kingānu ēdung: altsīilth Ahaziah ishin yenkien dāungaiang. Shantlan swaunshung gūd Ahaziah hin soldiers klālē klēlth shūtaiang : Baalzebub ā lth istiēdo; waigen Baalzebub giē laplētgas ge ga hin lth shūdo : Ahaziah wēata sti yūangung altsīilth dī ta il tlatiēu lāgung. Tliku aung King gas shouan kingān ltha idjāni. Houītang ā ltha istiēdgundang Elijah ltha kāngang, waigen hinū il shouan : wēata stilthūtlā waigen Ahaziah ga lth shūdo; kum Shālānā dung yetānsi althta kum houshen dung tāgwiēlthāngsang, waigen houītang dung kwōtalashang. Houītang Ahaziah gwi ltha stēlang, waigen tliku Elijah shūsi kingān Ahaziah ga ltha shūtaiang. Elijah an il kātliyilda yūanan. Hinū il shouan: kiagin soldiersgē, Elijah ā lth istiēdo waigen lth il tīo. Waikingān soldiersgē waugang. Soldiers klālē klēlth giouk Elijah isis gē ā istiēdang, waigen lthdou inku Elijah kouwaiang. Ltha an nung Captaingas hin shouan: Shānungetlagidas kitzadou dung īching. Itan hinū Elijah shouan: Shānungetlagidas kitzadou dī isisken lth agwan shā stāhā hētga zanoa is, waigen dalung wautliwan hulhēlōasang. Houītang hētga zanoa idjāni, waigen soldiers wautliwan hulhēlouang. Soldiers kwōtalthgas wautliwan an King ūnshitālang tlo il kātliyildas tista il glīidista yūanan, waigen soldiers adda klālē klēlth hin il shūtaiang: Elijah ā lth istiēdo waigen lth il tīo. Houshen soldiers Elijah an istlāgang: waigen houshen ltha hulhēlō odzouang. Houshen hin Ahaziah shouan: kiagin soldiersgē, Elijah ā lth istiēdo waigen lth il tīo. Houshen soldiers Elijah an an istlāgang; waigen nung Captaingas hin Elijah shūtaiang: Elijah, kum ītil lth tlitaang: ītil kalthshint lth kwutung: yenkien tliku dung shūs kingān talung waushang, altsīilth ītil ta lth tlūt waigen hētga lth kāalth. Lā ā singelthkang ltha gūshouang althlā Elijah ga soldiersgē alth kaiitang. Ahaziah il kingāgang, waigen hinū il shouan: kashintlou kum Shālānā dung yetāngung? Kum Shālānā dung yetānsi althlā houītang dung kwōtalashang. Tliku Shālānā shouan kingān lth waugang, waigen kum dung ga dī lthwaugaangung. Tliku Elijah shouan kingān houītang idjāni, waigen Ahaziah kwōtalang. Adshi kin an kaldunga klēlth Elijah tlaoutlaiang.

Shantlan swaunshung gūd Jordan hānlthē ā kāiitē ga Elijah kwudangang. Kōdetsi unga il istaiang ken hānlthē wau alth il saaskidāni, waigen houitang hānlthē kwudādāadāni; waigen silīd ā il kātijāni. Elisha ishin lā alth idjan. Ingūst il istlātaswāstlo kin ougungs kingān halthānounwē edang hētga idjāni, waigen kin ougungs kingān kuitanē stung ishin edāni. Hinū Shālānā shouan: Elijah, adshi halthānounwē gwau lth kātla: waigen gwāu il kātlīgāni. Sīk lā dungalth il idjāni, waigen kum houshen lth hāada il kingangang. Sīk il kātlaiang tlo hinū Elisha shouan: dī ītlagīda, dī ta lth tlāt, waigen dung ēdung kingān lth dī ēlthta: waigen dī kutungāshang. Elijah hin shouan: sīk agwi lth kātlas dung kingstlo houītang dī kingānu dung kutungāshang. Elijah sīk kātlaiang Elisha kāngang, altsīilth lā kingānu il kutungāḡang. Ga prophetgas gē wautliwan an il aungāḡang. Yenkien Elijah kwutungē lā yūanan, altsīilth Shālānā kin ougungs kingānu halthānounwē edis hētga istaiang; waigen wēata Elijah shā tligē gu īching.

LESSON XX.

ELISHA.

ELISHA prophetgas wautliwan an ītlagidēalang; waigen yenkien il kutungāḡang, altsīilth ga prophetgas gē kin il skadadaiang. Kin an kaldunga kwan il tlaoutlaiang Israel hāadē lāgē da il kwudangāni althlā. Elijah giē kōdetsē il istaiang. Elijah sīk kātlaiang silīd Jordan hānlth gu Elisha kātlāḡang, waigen Elijah giē kōdetsē alth hānlthē il saaskidāni. Houītāng Jordan hānlthē il skidadāni, waigen silīd il hātajāni. Adshi, kin an kaldunga il tlaoutlāḡangang.

Jericho tligē gu il kātlāḡang tlo hānlth wautliwan gaigu hougut yūanan, waigen lth hāada hutlāsīken ltha stigelgangang. Jericho hāadē hin il shūtaiang: ītil an dung ītlagidāgung, altsīilth ītil ta lth tlāt: waigen hānlthē ītil unga tlaoulthlāgelth. Tliku ltha shouan kingānu il wauḡang. Tung yhillāsi althlu houītang adshi hānlthē il tlalāgālāni. Jericho hāadē lā an kwutungē lāḡang; waigen yenkien sing lā ā ltha killāgang. Adshe, kin an kaldunga il tlaoutlastangang.

Houshen kin an kaldunga il tlaoutlaiang. Bethel tligē ā il kaiitang; gwulthtlāst waigen lthken kwan yūan āada il kāḡang. Bethel tligē gu il kātlātālang tlo hinū lth hāhudīla dāungas shouan: nung skūadja, ilnigē ā lth ītil unga kaiitla: nung skāadja, kaiitla. Yenkien lā an ltha ōstatlāgang; waigen lā an ltha ḵā yūanan. Yenkien Elisha nung hāada lā idjāni, waigen hinū lth hāhudila dāungas shouan: yenkien

OLD TESTAMENT STORIES. 81

kaiitla: nung skăadja dung kōnung yūangung. Houītang il giăgang; waigen ltha gwi silthkang il hangouang tlo hinū il shouan: houītang Shānungetlagidas dalung hēlōdāshang, Shālānā toui an dalung ḵās althlā. Houītang tān chāada stung lthken stāhā istlāgang, waigen lth hāhudila klālē stanshung wok stung il hananungidouang. Il hananungiwausken houītang ltha kwōtalthkaēdang, waigen ā lth hāhudila dāungas hēlō odzouang Shānungetlagidas toui an ltha ḵāgang althlā. Washt ed koitu ītlagidagē lth'unilth tliga kalat hāadē an hāēlthtaiang, waigen kum klingān hānlthē ltha kīāngang: altsīilth kiutanē isken mūsmūsgē ishin gūshāg kwōtalthodzūskaiang. Ga ītlagida gē lth'unilth Elisha ā nung soldiergas kil kaiitang; waigen hin Elisha il shūtaiang: Elisha, wēata ītil ītlagīda ta lth tlāt kum hānlthē il dāangwas althlā. Elisha hin hangtlan shouan: nung ītlagida swaunshung lāsi althlā ga ītlagida gē lth'unilth ta lth tlātasang. Tlītzan ga ītlagidas gē isis ā il kāgang, waigen hinū il shouan: Shālānā lth kwōyādo, waigen kingwoḡuns kingān lth wauu. Wēata dalung ta lth tlātūsang, waigen hānlthē dalung kīāshang. Adātlth kum tatjouwē dalung kwudungangsang, waigen kum delgūwau dalung kingangsang: waigen Shālānā adshi tligē hānlthē alth stāoudāshang tlan lā swaunan ītlagida isis althlā. Wēata tligē lth tlahēālth kwano waigen hānlthē dalung ista kwanasang. Singaian ga ītlagida gē lth'unilth kātlouang; waigen tligē hānlthē alth stāagāgang, altsīilth il kwutungē lāouang. Hānlthē il istaouang silīd il tagwiēlthouang. Houītang gadāungas gē ishin il hēlōdaouang.

Kum washt jingāngundang nung prophetgas chā Elisha an kātlāgang ken hinū il shouan: dī tlāl kwōtalgun, waigen dung kitzadou dī īching altsīilth dī ta lth tlāt. Dī kitilung stungung, waigen kiagin nai ā dī kitilung stung dī kwulth īching. Itan kingān waddanē stāhā kin kwan lth istagun, waigen kum tliku dālā lth kīastlo lth saoutka tlingē kāng gaangung. Wēata dī kitilung stung nung waddalēgas ga istatlang. Dī kitilung stung il istasken houītang ltha haldungsidāguns kingānu il edawausang. Wēata Elisha

HAIDA. G

dī kalthshint lth kwutung: dī ta lth tlāt waigen dung ā lth killāshang. Elisha hin hangtlan il shūtaiang: gūshū dung lth istādāshang: gūshū dungie nai ā iching? Houītang hangtlan hin lā il shūtaiang: kum klingān kin isangung kiagin nai ā: tlan skatlangu ā tou isis swaunan wau iching. Elisha hin il shūtaiang: houīt dung touilung wautliwan giē nē stāhā skatlangwē lth ista: yenkien skatlangwē kwan yūan dung istāsēs silīd giang nai ā silthkang stīlth. Kūwē wau unga dung daaskitstlo skatlangwē unga lth ista giā tou isisgē: waigen skatlangwē wautliwan dung istas ai lth tou giādūdal, waigen skatlang wautliwan tou alth stāougāshang. Waikingān il ista odzouang, waigen skatlangwē langa tou alth stāagāni. Kitilung stung hin il shūtaiang: houshen skatlangwē dī ga lth ista tou ādlun kwansi althlā. Hin lā il shūtaouang: kum skatlang ska swaunshung an kāng gaāngung, skatlang wautliwan tou alth stāougāgung. Hoūitang Elisha ā il kaiitang ken hinū il shouan: tliku dung shūs kingān lth wauguni, waigen tou dī na kwangung. Hinū hangtlan lā il shūtaiang: nung waddas ga lth tou ista, waigen kitilung dung kagindāshang. Il kwutungē lā yūanan; waigen waddalē ishin lā an kwutungē lāgang. Adshi kin an kaldunga Elisha tlaoutlaiang lā da il tlāēdēanā.

Shantlan swaunshung gūd Shunem tligē gu nung hāhutsu corn kwulthkadis kātli ā idjāni. Juiē kousta yūanāni althlā il tlingits ā langa katis yūanan, waigen il hulkwōtalang. Shunem tligē ā Elisha kāgīīgangang, waigen altsīilth anung hāhutsu kwōtalas giouk Elisha tīdagangang gē gu lā ltha tlilthināgang. Hin il ou kitzadalung shūtaiang: wēata kuitan dī na lth ista waigen Elisha ā lth kaiitshang. Giouk Elisha isisgē ā il kaiitang ken hinū il shouan: itan corn kwulthkadis kātli ā dī kit īchin. Juiē kousta yūausi althlā il tlingits ā langa katis yūanan, waigen il hulkwōtalgun. Wēata dī ta lth tlāt, waigen dī kit hagunan Shālānā ā singelthkang lth gūshu houshen il tagwiēlēan. Elisha hin shouan: dung ta lth tlātasang, waigen dung kit houshen lth tagwiēlthasang. Giouk nung hāhutsus isisgē ā Elisha kaiitang ken lā il kăngang. Kūwē wau il daaskitang silīd Shānungetlagidas ā singelthkang il gūshouang; wadla lā inku il tĭkuntlināgang: il kwun gwudi langa hotiwauwang: il kwut ishin an gwudi langa hotiwauwang: il hangi ishin lā il gidsgildaiang: il stlē ishin gwudi langa hotiwauwang; altsīilth il tlū langa kīnaiang. Houītang anung hāhutsu hangi kāweldungēdang waigen il hatsasā chigwaugang; waigen houshen il tagwiēlang. Elisha hin il ou shūtaiang: wēata kit unga lth ista yenkien lā lth tlatagwiēlgun. Elisha hangku il tĭkwushtloaiang ken yenkien sing lā ā il killāgang houshen il kit tagwiāgāni althlā. Adshi, kin an kaldunga lthī unilth Elisha tlaoutlaiang.

Houshen Elisha Gilgal tligē gu kātlāgang, waigen gaigu kum tou lā isāngang. Prophetgas gē kwan yūan lā an istlāgang, altsīilth hin kitzadalung il shūtaiang: ga prophetgas gē ādlun kwangung, houītang lth tou ltha ga isto. Kum tou Elisha giē nē ā isāngang, altsīilth nung prophetgas lthken ā il kil kaiitang tānska il istiēanā. Tānska kwan yūan il istaiang, waigen zanoa yūan inku sistlināgāni. Wadla, ga prophetgas gē ga il istaiang. Yenkien tānska dāungas swaunshung sistlangwē ā il istaiang, waigen kum an il ūnshitāngāni. Tlan skaldiē ēlthsitlo ltha tāgāni. Houītang nung prophetgas shouan: O dī itlagīda, kwōtal sistlangwē ā īching. Houītang dī kwōtalashang kum dī ta dung tlātānstlo. Gūshāg il kwōtalskaiang: waigen Elisha lā il kagindaiang. Shibiligē il istaiang ken althlu tānska dāungas il tlalāgālāni: waigen tānska ltha tāodzouāni. Adshi, kin an kaldunga stanshanga Elisha tlaoutlaiang.

Nung hāada swaunshung Baalshalisha tligē stāhā Gilgal tligē gu kātlāgang: waigen shibili hūga klālē stung Elisha ga il istaiang. Shālānā an il kwutungē lāgāni althlā. Houītang Elisha shouan: lth hāada wautliwan ga tou lth istāshang. Il kitzadalung hin il shūtaiang: kumu shibiligē lagwau klēlth gluēd tlingangung. Houītang Elisha shouan: tliku dalung lth shūtas kingān lth wauu: tou ltha ga lth isto: waigen tou ītil an kwanasang. Tliku Elisha shouan kingānu ltha waugang; waigen lth hāada klālē klūalth lthtanouāni waigen skisouāni. Shibili hūga klālē stung lth hāada lagwau klēlth an il tlakwanēlth yūanan. Adshi, kin an kaldunga klāalthswansingu Elisha tlaoutlaiang. Nung Syrian hāadou idjāni. Syrian soldiergas gē an il Captain gāḡang. King Naaman kwōyādaiang waigen Naaman anung King gas ishin kwōyādaiang. Itan kingān Syrian hāadē Israel hāadē an hāēlthtaiang, waigen Syrian hāadē gwikāēlang. Naaman Israel tligē stāhā nung chada hutsu istaiang il chā kitzadēan. Yenkien Naaman stiḡālang, waigen kum tliku il lāgelth tlingē kāng gaangang. Anung chada hutsūs hin Naaman chā shūtaiang: kashintlou kum dung tlāl Israel tligē ā kaiitang udjang? Yenkien nung prophetgas lā yūan gaigu īching, waigen dung tlāl il tlanūngīstlāsang. Houītang tlāl unga hin il shūtaiang: giouk dung lāgelthasēs gē wēata an dī ūnshītung. Houīt anung King gas alth kīānung kōgīna Israel hāadē an nung King gas ga il hanshūtīēan, waigen houshen dung tagwiēlthasang. Waikingān il wauḡang. Anung King gas kōgīna lā yūan lā ga istaiang ken hinū il shouan: Israel tligē ā lth kaiit: dālā thousandgē klēlth isken kin giandas kwan ishin gold skatlangwē ishin lth ista, waigen ā lth kaiit. Waikingān il wauḡang; waigen Israel tligē gu il kātlāḡang.

Il ītlagida giē kōgīna Israel hāadē an nung King gas ga il istaiang. Israel hāadē an nung King gas adshi kōgīna ga lthwaug yūanan. Hinū il shouan: yenkien Syria hāadē ītil an kātliyildunḡung, waigen adshi kōgīna dī ga il istaḡun. Yenkien Syria hāadē ītil an hāēlthtiē da kwudunḡung. Naaman, kasino dung lth tlaoulthlāgelth tlidzūasang. Kum Shālānā dī isānḡung; altsīilth kum tliku dung lth tlalāgal tlingē kāng gaanḡung. Hinū Syrian King gas kālangang: wēata O Israel hāadē an nung King gas, tlīstluan adshi kōgīna dung readadastlo Naaman dung kingasang. Lā lth tlalāgelth: lā lth tlatagwiā: waigen dung an dī kwutungē lāshang.

Israel hāadē an nung King gas kwutungē tlakwīd yūans Elisha anūnshitālang tlo hinū il shouan: dī ītlagīdā, kashintlou dung kwutungēsti tlidzūḡung: kashintlou kwutungē unga hētk dung istaḡunḡung ? Kum lth lthwauḡaang; yenkien dung ta lth tlātasang. Naaman ga lth shūda althgwi dī ā il kāalth waigen lā lth tlanūngīstlāsang. Houītang anung King gas hin Naaman shūtaiang : Elisha ā lth kāiit waigen dung il tlatagwiēlāsang : nung prophetgas lā yūan il isis althlā.

Kuitan wautliwan unga il istaiang : hāēlthta halthānounwē ishin : waigen Elisha giē nē an il kātlāḡang, waigen kūwē kiakgūst il giangang Elisha kum kiak il kingāangang : tlan gūshouwē swaunan lā ga il haushūtaiang. Hinū il shouan : Naaman, Jordan ā lth kāiit, waigen Jordan hānlthē ā lth halthādang chigwau ; waigen houītang nung hāhutsūs ḳal kingān dung ḳal ēlthasang.

Naaman kātliyilthda yūanan kum kiak lā il kingtlāwāngāni althlā. Yenkien il kwutungē shā ēdang, waigen nē gwi unga il stēlang. Touilung wautliwan il istaiang ken hinū il shouan : dī touilung, lth kwudungstlo Elisha kiak dī kingwāsang lth kwudunḡun : waigen kum kiak dī il kingwautlingānḡun. Kuitan gwau lth kouwas gu il giasken dī stisu il tlikwudungdālasang lth kwudunḡun : waigen dī il tlanūngīstlāsang lth kwudunḡun. Kum Elisha dī kingān edāng hin lth kwudunḡung, altsīilth dī kwutungēstigung kum kiak dī il kingtlāwānḡuni althlā. Kum gu Jordan hānlth shēngs telgu bānlth lā kiagin tligē gu shēngāng hin dalung kwudung us ? Yenkien Damascus tligē gu hānlth shēngs isis Jordan hānlth shēngs telgu lāḡung. Yenkien Israel hāadē an lth hāēlthtāsang : waigen ltha lth Alita odzuashang kum Elisha kiak dī kingtlāwānḡuni althlā.

Il kitzadalung hin hangtlan il shūtaiang : ītīl aung; yenkien dung ītlagida yūanḡungwau. Elisha kin kwōyā yūan dung istalth dūan lth ista. Ginggangan kin ed Jordan hānlthē ai dung hāadang chigwau elgungwau. Kingān lth is ; waigen dung nūngīstlāsang. Tliku Elisha shouan kingānu il wauḡang : waigen nung hāhutsu ḳal kingān il ḳal ēlang. Il lāgelthgist yenkien il kwutungē lāḡang; waigen houītang Elisha giē nē gwi il stēlang. Hinū Naaman shouan : wēata O Elisha, tlan Shānungetlagidas swaunan tliga kalat hāadē wautliwan au Itlagidas an dī ūnshītung. Wēata sing tung ā lth killāḡung, waigen dung kitzadalung swaun dī isilgung. Kin giandatlingē lth ista althgwi dung ā talung istaḡun ā. Hinū Elisha shouan: Shānungetlagidas hangku lth gianḡung, waigen dung il tlaoulthlāgelgun: altsīilth kum kin giandas dānga ga dī istatlanḡung. Shānungetlagidas ā singelthkang lth gūshu, waigen dung dāungas ishin washt il kīshuasang. Naaman hangtlan hin il shūtaiang: sing tung ā lth killāḡung: waigen shantlan wautliwan gūd Shālānā an lth lthāangwilāshang. Klingān tligē wēata dī ga lth ista: waigen tligē lth kingstlo Shānungetlagidas ā singelthkang lth gūshūasang. Yenkien wēata Shālānā gwi kwutungē unga lth stīlthtaḡun: waigen lā lth yēta gīīshang. Elisha klingān tligē lā ga istaiang: waigen tliga unga gwi il stēlang. Adshi, kin an kaldunga klāalth Elisha tlaoutlaiang.

Tliga unga gwi il stēlang silīd Gehazi houītang lā tlā kāgang. Hin lā il shūtaiang: dī ītlagīda, ga prophetgas gē stung dī ītlagīda giē nē an istlāḡun: altsiilth wēata kin giandatlingē tlisku ga il istatlang. Kin giandatlingas Elisha ga il ista kwanan: gold kwan yūan ishin. Yenkien Gehazi kilthkadangang: kum ga prophetgas gē stung il ītlagīda giē nai ā isāngang. Tlīstluan Gehazi houshen Elisha kāngang tlo hinū Elisha shouan: Gehazi, dī kwutungē dung alth īchin. Naaman giē kin giandas dung istaḡuni althlā dung dāunga yūanḡung. Wēata Naaman giē stis gē dung ḵal inku is gīīsang: dung kitilung wautliwan inku ishin. Kiaku il kāgwaulang ken il stiḡūlang: taou kingānu il addaiang. Adshi, kin an kaldunga klāalth wok swaunshung Elisha tlaoutlaiang.

Yenkien Elisha Prophet lā yūanu idjāni. Shantlan swaunshung gūd il kwōtalang: waigen lā ltha tlēēwaiang. Giouk lā ltha tlēēwaiang gē gu Israel hāadē tliga kalat hāadē an hūēlthtaiang, waigen tliga kalat hāadē gwikāēlang: altsīilth Israel hāadē tītch hēlōdaiang. Tlītzan Elisha tlēēwaiang gē gu nung kalat lā kwulthlān houshen ltha tlēēwaiang. Elisha skwuts ēwasu nung kalat gidsgildaiang waigen houītang il giāḡangang. Houshen il tagwiā ēlang.

Elisha skwuts ēwasken annu kin an kaldunga idjāni: altsīilth yenkien il Prophetgas lā yūanan, waigen Shānungetlagidas lā alth stangang. Wēata hānlthē dalung istas ginggangan ēdung dalung tītch kwudunghangungwau. Dī touilung hanlthē dalung istas kum ginggangānu edāngung. Naaman kingān kwutungē unga lth edo, waigen Shālānā sīk dalung hātlandē istāshang. Shālānā Kit sīk kātlaiang kwunast hin kitzadalung ga il shūtaiang: wēata tliga wautliwan ai lth istalo, waigen giatlan las alth lth hāada wautliwan gūk lth shūdo: dī nung yetas hānlthē kwōyāsi istastlo kagunasang. Kum dī nung yetānstlo, waigen kum hānlthē kwōyāsi īl istānstlo hetgwaugē ā isisang. Naaman kingān kwutungē unga lth edo: hānlthē kwōyās dalung istagun tuman lth unga kingo, waigen dalung kagunasang. Kum nung ītlinga ginggangan ed hānlthē istiē ga dī istatlangung. Gehazi kingān kwutungē unga dalung istasken, Gehazi kingān hetgwaugē ā dalung isisang. Wēata ān lth kutungātoo: tlan lth kilthkadungāngu: Shālānā kilth kingān lth wau gīīu; waigen dalung hātlandē kagunasang.

LESSON XXI.
GA PROPHETGAS GĒ.

KĪTILDOU ga Prophetgas gē idjan? Isaiah isken Jeremiah ishin Ezekiel ishin Daniel ishin ga Prophetgas gē kutungā yūan idjan: waigen ga Prophetgas gē klāalth wok stung ishin kutungāgang: waigen kum Isaiah isken Jeremiah ishin Ezekiel ishin Daniel ishin kingān ltha kutungāngang. Prophets Old Testamentgē kālungangang. Tliku Shānungetlagidas ltha ga kin shūtaiang kingān lth hāada wautliwan ltha skadadaiang. Tliku kin edasēs ishin touilung ltha skadadaiang altsīilth kin skadadā lēilung ltha idjāni.

Jonah hin Nineveh hāadē shūtaiang: kwutungē unga lth stīlthto: waigen kin dāunga dalung istas lth tlanēlthtoo. Kum Shālānā gwi kwutungē unga dalung stīlthtānstlo dalung il hēlōdāshang. Tliku Jonah shouan kingānu ltha waūgang: waigen Shālānā houshen ltha an kwutungē lā yūanan.

Daniel ishin Babylon hāadē skaḍadaiang. Tlīku il shouan an ltha ḳāḡangang waigen lions giē nai ā Daniel ltha istaiang. Shālānā lā alth stangang: waigen lions stāhā lā il kaḡindaiang. Babylon hāadē anūnshitālang tle hin ltha shouan: Shānungetlagidas yenkienu lāḡung waigen il tagwiāḡung. Lā ā singelthkang talung gūshūadzing waigen ītil da il tlātasang. Kīstho kum il kēyi ā killānstlo lions giē nai ā lā talung istāshang. Yenkien Daniel kwutungē kladskā ēlang: waigen tlan Shālānā swaunan ītlagida isis Babylon hāadē il skaḍadaiang: waigen lā gwi kwutungē unga ltha stīlthtaiang.

Jeremiah hin Israel hāadē shūtaiang: tlīku Shānungetlagidas shūs kingān kum dalung gundzūanstlo kum dalung da il tlātangsang. Tlīga kalat hāadē dalung giē tlīgē istāshang: waigen kin ltha tlahudjanḡuns kingānu dalung edasang. Churchnē isken tlīḡē ishin kin ltha tlahudjanḡuns kingān dalung an edasang: waigen lth hāhudila kin ltha tlakwōtalthkaḡuns kingān ed odzuasang. Kin wautliwan ginggangan dalung an edasang. Shālānā gwi kwutungē unga dalung stīlthtastlo, waigen lā ā singelthkang dalung gūshūstlo, dalung da il tlātasang. Tlīga kalat hāadē stāhā ishin dalung il kaḡindāshang. Gwaigangē swaunshung shā agwi kwutungē edsken hētk agwi ltha il istāshang: waigen houītang ltha kuniskidēgēlthasang. Jeremiah kil ltha kwudangang waigen Shālānā gwi kwutungē unga ltha stīlthtaiang: altsīilth ltha il kagindaiang tlīga kalat hāadē stāhā.

Isaiah ishin Prophet lā yūanu idjan. Israel hāadē kwutungē lāgē da il kwudangang. Prophetgas gē wautliwan telgu il kutungāḡang. Hinū il shouan: kum Shānungetlagidas gwi kwutungē unga dalung stīlthtānstlo dalung il dāng odzūashang. Churchnē ā lth istalo, waigen lā ā singelthkang lth gūshū: kwutungē unga lth tlaskwunagelthu: tlan lth dāungu: kin lā lth skadou, waigen dalung kaḡunasang. Isaiah kil ltha kwudungaiastlo weāta Israel hāadē kwan talung king tlingāḡung. Kum Shālānā an ltha lthāangwilānḡangang, altsīilth weāta ltha kuniskidē gēlthodzūḡung.

OLD TESTAMENT STORIES. 89

Isaiah tliku Christ edases shūtaiang. Hinū il shouan: Shānungetlagidas Kit unga swaunshungs hētga istāshang, waigen ītil dāungas washt il kīshuasang. Nung hāhutsu ītil ān tlakaiashang. Nung kit ītil ga istiāshang: kin an kaldunga hinū il kēyāshang: kin kutungas lē ishin: Shānungetlagidas Tagwiā yūans ishin: Nung Aung ed swaunungs ishin: kwutungē glaia an nung Princegas ishin hinū il kēyāshang. Yenkien tada klālē klālē chigwau Isaiah kwōtalang silīd Jesus tlakaiang. Tliku Israel hāadē il shūtaiang kingān kin wautliwan edāni. Tliku Isaiah shouan kingān Jēsus Christ adshi tligē gu kātlātālang: altsīilth Isaiah kutungā yūanan an ītil ūnshītung.

Lth hāada wautliwan il tlaoutlaiang: altsīilth Shānungetlagidas Tagwiā yūans hinū il kēyang. Christian gas gē an il Aungāḡung: altsīilth Nung Aung ed swaunung hinū il kēyang. Kin wautliwan il tlaoutlaiang: kin an kaldunga il ista kwanḡung: altsīilth Kin an kaldunga lē hinū il kēyang. Lth hāada kutungas telgu il kutungāḡung; altsīilth Nung Kutungaslē hinū il kēyang yenkien angels wautliwan telgu il kutungāḡung angels il tlaoutla odzouāni althlā. Lth hāada kwutungē glaias an il ītlagidāḡung: altsīilth ltha kwutungē glaias an Nung Princegas hinū il kēyang. Wēata lā lth kwōyādo: il kil langa lth kwudungo: lā lth yeto, shā stāhā il kātlātālang dalung wautliwan kagindiē da il kwudangāni althlā.

Tlaglu agwi lamatoē kētsitlēilung lamatoē tuman kāngang. Kungē shā idjāni: angels hētk tlige gu idjāni: waigen lamatoē kētsitlēilung lthwaugālang. Angels hin lamatoē kētsitlēilung shūtaiang: kum lth lthwaugāngu: wēata Shānungetlagidas Kit unga swaunshungs hētkga istaḡun. Houītang Bethlehem tligē ā lth istiēdo, waigen Jesus dalung kingasang. Kwutungē unga lth kladskādo, waigen dalung il kaḡindāshang. Bethlehem tligē gu ltha istlāḡang tlo Jesus ltha kāngang. Lā ā singelthkang ltha gūshūḡangang: waigen ltha kwutungē lā yūanan. Wēata Jesus ītil wautliwan an Itlagidāḡung: waigen il kēyi ā talung katzūḡunḡung. Te Deum hin shouan:

"Ga anyûkwudungas gē an dung King gāḡung O Christ.
Nung Aung ed swaunung Kit dahou īching.
Tlagluan lth hāada kaḡindiē an shā stāhā dung kātlāstlo, kum nung chitlingas agung kaidiē ā dung ēdāngang.
Kwōtal stāhā dung kātlouang silid ga yetas gē wautliwan an shāgē kingdomgē wast dung daastlaiang.
Wēata Shānungetlagidas kwulth soolgūsta dung kouwang dung Aung anyākwudungs alth."

Isaiah Prophets wautliwan telgu kutungāḡang wēata an ītil ūnshītung: waigen tliku il shouan kingān Shānungetlagidas wauḡang.
Kin swaunshung wēata gūḡung. Hinū Prophet Malachi shouan: adshi tligē ouungkashang: lth hāada shā kwutūngē edis kun yhillā ouḡuns kingānu edasang: altsīilth wēata Shānungetlagidas gwi kwutungē unga lth stīlthto, waigen dalung il kaḡindāshang. Lā ga dalung lthwaugastlo yhē unga hetgwau dalung il kaḡindāshang. Dalung kwutungē lāstlo ga dāungas gē lthtamit kingān edis dalung stē kāan gu isungkashang: altsīilth tliku Moses giē kingwogungē shouan an agung lth ūnshito. Kingwoḡuns klāalth kingān dalung gundzūstlo dalung kaḡunasang. Shantlan ōstlāsēs kwunast Elijah houshen adshi tligē gu kātlāshang: waigen tliku il shūs kingān dalung waustlo Jesus dalung kaḡindāshang. Wēata ān lth kutungātoo waigen Jesus dalung an lāshang Jesus Prophets wautliwan an Itlagidāḡung: altsīilth tlīku Prophets shouan kingān talung waustlo ītil kaḡunasang.

> Apostles Tung ā killāḡung O Christ:
> Martyrs kwutungē kladska Tung ā killāḡung:
> Prophets las wautliwan Tung ā killāḡung:
> Churchnē las tliga wautliwan gu is Tung
> Hansta shūḡung dung lā yūansi althlā.

Dī touilung, tliku Prophets wautliwan dalung shūtaiang kingān lth wauḡīīu waigen dalung hātlandē hēninga gīīshang shā tligē gwau.

LESSON XXII.

SINGELTHKANG-GŪSHOUWĒ.

Ītil Aung shā dung isis, agwan lth kēyi unga kwōyāda: agwan lth kingdom althgwĭk unga ista. Shāgē an dung kwuduns kingān lth hētk tligē an kwudung. Shantlan wautliwan singūd tou ītil ga lth ista. Ītil dāungas kalthshint lth kwutung, ītil an ga dāungas gē kalthshint talung kwutungsi kingān. Kum ga dāungas gē shu ītil istaldāng, waigen kin dāungas stāhā lth ītil kaḡinda. Kingdom dunḡiou isis althlā, tagwia lshin, anyākwudungs ishin: waikingān ed swaunungshang. Amen.

Shānungetlagidas Tagwiā yūans, kwutungē glaia ītil ga lth ista lthāangwila halgas talung dāngwiēana waigen soldiers kin giandas kingān kin hatgā talung giandāshang. Adshi hēninga gūd awolth agwi dung Kit Jesus Christ hētk kwutungē unga alth ītil an kātlāḡang: waigen shantlan ostlastlo kin anyākwudunga alth unga houshen il kātlāshang lth hūada hēninga isken lth hāada kwōtalthkia ishin il ginkilislungēana. Christ houshen kātlātalungkasas addu talung kwulthilthstlo lā kalthgwīd ītil hēninga gīīshang. Dung alth isken Hānts Las ishin alth il hēningāḡung waigen itlagidāḡung, wēata waigen ed swaunungshang. Amen.

O Shālānā, dung tagwias unga dung kātlūdiē da dung alth talung kīānunḡung; waigen ītil shū lth kātlā, waigen taḡwīḡē unga yūans alth ītil lth kaḡinda. Kin dāunga talung istas isken ītil kwutungē dāungas ishin hagunan gwūtalthē ītil hangku dung istas kum tliku talung khūsta tlingē kāng gaanḡung. Ītil kalthshint lth kwutung, waigen houītang lth ītil tatlāt. Kwutungē glaia ītil ga lth ista, waigen houītang lth ītil kaḡinda. Dung Kit ītil Shālānā kin wautliwan ēlthkidaiang: altsīilth tliku singelthkang talung gūshūs kingān lth wau; waigen dung isken lā ishin Hānts Las ishin ga talung gwudgutasang; waigen an talung yākwudungasang, waikingān ed swaunungshang. Amen.

Shānungetlagidas Tagwiā yūans, waigen ed swaunungs: kin wautliwan shā tligē gu isis isken, kin wautliwan hētk tligē gu isis ishin an dung ītlagidāḡung. Kungkwutungē unga alth dung touilung singelthkang gūshūs lth kwudung, waigen shantlan wautliwan ītil hēningaskialk kwutungē glaia ītil ga lth unga ista: Jesus Christ kalthgwīd ītil Shālānā. Amen.

Shānungetlagidas Tagwiā yūans, waigen ed swaunungs: kungkwutungē unga alth ītil stis lth king: kin ga ītil istatlas ītil ga lth ista, waigen ītil kwutungē tlakwīdas wautlissaakitang. Soolgūst stlē unga lth jistla ītil tatlāēdēan, waigen agung tlānstla stāhā lth ītil kaḡinda: Jesus Christ kalthgwīd ītil Shālānā. Amen.

O Shālānā, tuman churchnē unga dung king gīīgē da dung alth talung kīānungung, waigen dungiē nēzai ishin; waigen dung kilth kingān ltha waushang. Kin lā shā dāngā isis swaunan inku ltha yilthins dung tagwias alth kaḡun gīīḡēan; Jesus Christ kalthgwīd ītil Shālānā. Amen.

O Shālānā, kungkwutungē unga alth singelthkang talung gūshūs dung kwudungē da dung alth talung kīānungung, waigen ltha wautliwan kin dāunga istas hansta dung ga shūs lth kaḡinda; kin dāunga sing ltha kwutungē sahaigas kin dāungas stāhā dakīskitē ltha istada; Christ kalthgwīd ītil Shālānā. Amen.

Ītil Shālānā Jesus Christ giē kwutungē glaia isken, waigen Shānungetlagidas giē kwōyādiē ishin, waigen Hānts Las giē kwutungē lāgē ishin agwan lth ītil wautliwan alth stung gīīda. Amen.

THE END.

www.ingramcontent.com/pod-product-compliance
Lightning Source LLC
Chambersburg PA
CBHW032239080426
42735CB00008B/931